味方だらけの経営で栄える

繁栄の法則 その二

北川八郎

致知出版社

繁栄の法則　その二——目次

Ⅰ　どうすれば会社が伸び、繁栄の道へ踏み出せるか

Ⅱ　どこを改めればよいか……改めれば必ず伸びる

Ⅲ　そこにある不変の繁栄の法も学ぼう

Ⅳ　社長の器を大きくすることを目ざそう

V　繁栄が長続きしない原因は……

装　幀――川上成夫
編集協力――柏木孝之

Ⅰ　どうすれば会社が伸び、繁栄の道へ踏み出せるか

一、相手も富ませる……無敵な経営となる
二、世間を味方につける……味方だらけの経営へ
三、戦わない経営
四、信用は永い繁栄をもたらす……相手を利する
五、十％の損をあたり前と思って人生にあたる
六、心（想い）は形をなす
七、「一秒の祈り・一秒の感謝」は経営を立て直す
八、経営者は社会貢献ができてこそ一人前
九、この法則を学んだ経営者の声

一、相手も富ませる……無敵な経営となる

無敵には戦って勝ち抜く無敵と、戦いとは無縁で「好意の恩返し」の中で『味方だらけの世界』で経営する「戦わないで繁栄する」無敵があります。

無敵な経営の本質は、「自分だけでなく相手も富ませる」ことによって自分も富んでいく経営にあります。自分だけが富んでいると相手が細る、そうするとやがて自分も細ることになる。相手にも利をもたらしてあげることで、相手に幸せ感をもたらし、やがて自分が富むことになるのです。

つまり自分だけでなく、周りの人々にも利（喜び）をもたらし、社員と共に顧客と取引先や地域に喜びをもたらすことを目ざす。すると世間から信頼と感謝の言葉が届き、社員に生き甲斐と仕事の価値を目ざめさせる、その世間からの信頼と感謝によって社員が更に仕事に喜びを見つけ、生き生きと働くような新しい就

労のシステムにする。

　こうしてあなたの会社が、社員とその家族、地域の人々、国の安定・平和感の醸成に寄与することを目ざすならば、地域からの限りない支持を得るでしょう。また会社がそうなった時、社員の家族と地域と国から必要とされ、会社存続の永続性を得ることができるでしょう。つまり「味方だらけ」の世界が築かれます。そこには古い思考の「戦う」必要などなく、お客に喜ばれ、人々の役に立つことが誇りとなる会社となるのです。

「相互繁栄」をもたらすことによってつくり出される経営環境こそが新しい味方だらけの世界観です。「そんなことは理想だ」「現代ではできるはずない」と思われる方も多いかもしれませんが、これは新しい思想の進化です。

　私の「満月の夜の経営塾」で、今まで戦い続けヘトヘトになった経営者が、今までの自分中心で利益の独り占めの古い価値観を改め、腹をくくって、この新しい「味方だらけの経営」にとりかかり始めたところ、社内改革が自然に始まり、たちまち社内外に融和が広がり、売り上げも伸びていっています。今は社員、取引先、銀行から信頼され、始まって以来の好成績をあげる企業がいくつも現れています。それは新しい気づきと進化です。数字の向上を追う経営方針よりも経営者の生き方が変わり、ウソとごまかしのない商品、やさしい対応、どこまでも親切な接客、体に本当にいいものを社会に提供すること、次の自由なエネルギー社会を目ざし始めたからです。このことを学んだ企業が目ざましい成果をあげるのは当然です。大きな船だと方向転換が難しいところ、小さな舟やオーナー企業のほうが方向転換しやすく、目に見えて変化がおきています。新しい変革は小さな社会から始まります。

新しい企業とは、戦わない経営、働きやすい環境、お客や従業員とのトラブルが少ない、対立がない、競争がない、売り上げと収入が安定、社会の安定に奉仕、お客が安心と信頼を社名から感じ、社員も疲れず生き生き、トラブルと失敗からの回復が早い等の経営状態の企業です。つまり経営のハウツウではなく、まず経営者が人としての生き方、人々に幸せをもたらすことを第一とする「企業の心」に目ざめてこそできる次の時代の経営です。

拡大よりも会社の永続性と充実を第一としましょう。すると社が目指す「公益に生きること」に合わない社員が去り、社員の質が変わる等の現象が見られるようになります。奪い合うのではなくて、「十％ゆずり合う世界へ」と歩みゆくのです。

このように経営者が人として大事な『人間性をもった無敵な経営』に目ざめた時、経営者自身の幸福感が人生のリュックにたくさん詰め込まれることになるでしょう。

①周りの人々に幸をもたらす
②信頼と感謝を勝ち取る
③戦わない、働きやすい、働き甲斐がある会社
④社会の安定に寄与する
⑤十％ゆずり合う

二、世間を味方につける……味方だらけの経営へ

前章で無敵といっても「力づくで勝ち抜く無敵」と「弱くても愛される無敵」があるといいました。

それでは、戦い好きな人の戦術戦略に基づいた力づくで勝ち抜く無敵ではなく、争うこともなく傷つけ合うこともなく、平和に無敵に生きる新しい経営方法を考えてみましょう。それは日本人の根本である「人の和」を大切にする経営に目ざめる人が無敵の経営者なのです。

若い時の宮本武蔵は無敵な人でなく、勝っている時は敵だらけでした。倒しても倒しても敵が現れ「つばめ返しの小次郎」を倒してやっと戦うことが虚しくなり、熊本にこもりました。そして人に愛されて初めて本当の無敵になったのです。

戦い尽くしていた若い時とちがって晩年の宮本武蔵のように、周りの人々の胸

の中に灯をともせる人、皆から愛され好かれる人が無敵な人であることは言うまでもありません。その気づきをどう経営に生かせるかです。

　現代において「人々に愛される無敵」の武器があるとすれば、それは『笑顔』です。企業でいえば『温かさ』です。いいかえれば、とにかくまずお客の幸せ（困っていることや苦しんでいることを解決してあげること）、喜びを社の商品で表せるかです。経営者に必要なものは「温かさ」に基づいた「笑顔」を社員や商品や接客に表していくことです。

　部下に接する時、欠点ばかりをつくのは人を傷つけるだけ。そうするとそれは弱点になって、立ち上がれなくなる。失敗と欠点は人につきものと知って、社員に明るい未来を語り希望を与えてあげるように社内を日常化することが大切です。社員はワクワクとし、社内は活発になるでしょう。

　社長が自分も幸せになりたいなら、まず周りの人を幸せにしてあげたいという願いを持って接するのです。周りを良くしたら、自分も良くなります。それには経営者がまず気づきを高め、同じ友を得てそのことを確かめ、語り合う場を持つのも大事です。

世界中すべて人々の安らぎの共通語は「笑顔」。いつも鼻歌を歌って過ごせる心境を得ると、大変な状況になったとしても社員が目ざめ、社を盛り立てようと団結して自然に最善の道が拓けてくるようになります。その時は、世間が必ず、必ず応援し味方してくれるでしょう。次の成功に期待できるようになっています。

会社の目ざす「温かさ」が、社内から社外へ、商品へ、接客へ広がり始めると、私の言う「世間が味方してくれる」ことに気づきます。

①武器は笑顔
②世間に対しては、温かさで対応
③世間を味方につけると限りない応援がくる

果てしなく続く阿蘇外輪やすらぎの草原

三、戦わない経営

「経営者に刀はいらない」。ずっと繁栄したいのであれば経営に勝ち負けの戦い意識を持ち込まないことです。ただ自分の経営と商品が世間の人々の賛同をどうすれば得られるかということに日々努力すればいいのです。

次の時代の世界の繁栄世界では戦術・戦略という言葉すら不必要。戦術・戦略は二千年以上続く古い「男の戦いの世界の思考習慣」にすぎません。それは「特定の相手に勝つ」「負けない戦い」、古い世界観のためのものです。

現代のように多くの大衆相手に商いをする場合、少数の相手に狙いを定めて勝つことを目ざす必要はありません。この世にいる大多数の善意の人々の好意を味方にすることが大切です。

今までの古い考え方は「企業の存続は利益」と、いかに利益を生み出すかを多くの経営者は考え、また求めましたが、それも要りません。全く新しい考え方が必要です。

それは男性の戦いの経験からきたものだからです。戦い続けると利益すら次の武器となって最先端の産業か否か……といつまでも競争と果てしない古い経済戦の世界から抜け出せません。経営者の眉間のしわは深くなるばかり、そこには売りたい、売れるかどうか、利益が上がるかどうかという恐怖からくる企業戦術が満ちています。

個人で考えてみるとよいでしょう。いつの時代も自分だけ富者、自国だけが強国（昔の秦《しん》など）は長く続きません。勝てば必ず負けます。自分がなしたことと同じく、やがてやられます。

これからの新しい企業の時代は、戦わないで栄える。手を取り合って栄える。一人強者はいらない。昔の男性思考の国取り思考の延長から抜け出して、新しい時代に入ったことに目ざめましょう。

経済も経営も大衆からの讃歌、協賛、応援、そして相互の信頼というものが成り立ってこそ売り上げの伸びが続き、企業はその「信に利益がついてくる」ということに目を向ける。新しい企業成長の時代に入ったと「肚をすえる」ことです。

女性の力が伸び、女性企業家がもっと増えれば、男性企業家のような強面《こわもて》の戦略好きな方はやがて置き去りにされていきます。

もう一つ、地域に役立ち世界中の人々に役立つ社会貢献が、社の業務の一つであることが絶対に必須です。例えば「貝印の刃物のように、ひげそり、ナイフにとどまるだけでなく、更に人を救う、よく切れる手術用の傷も痛みも生じにくいメス」等本業の一つから進化した物を提供すれば人々はその会社に利益という形で応援してきます。

企業の本質は社会貢献です。もっとわかりやすく言えば、戦わないで善意で人々に接し幸せを提供する。ですから武器にかわって必要なものは、笑顔と温かさ、人の幸せ、そして信頼です。それに力を注げば利益と繁栄は、その「社の方針に憧れた良き社員の入社」と共についてくるので、数字を追わなくていいのです。

①経営に勝ち負けを持ち込まない
②世間の大多数の善意の人々の好意を味方にする
③戦わないで栄える、手を取り合って栄える
④社会貢献が社の業務の一つである
⑤肚をすえる

【例一】

私がよく例に出す会社ですが、新潟三条市のオークス㈱（新潟県　満月の会一期生　※満月の会については、百八十六頁参照。以下同）では三代目の佐藤俊之社長が就任して、まず売り上げよりも、社長が徹底して社員満足度を上げることに専念したところ、社に勢いが戻り、今では創業以来の業績をあげるようになっています（具体的な施策は佐藤氏にお尋ねください）。

会社の仕組みも制度も製品も良いのですが、佐藤俊之社長が、まず社内チームみな仲が良くなるように、はっきりした未来目標、会社に行きたくなるような施策をどんどんしていったところ、次のような社員満足度アンケートがあがってきました。

問いは「大切な友人にわが社で一緒に働くことを奨めたいと思いますか」に対して十点満点の七点以上が社員の八十三％に達したのです。最高評価九点以上はなんと全社員の六十％（アンケートはすべて匿名）でした。そう思う共通の理由をたくさんの声の中からいくつか次に取り上げてみます。

・自慢できる会社だから
・会社に行くことが楽しいから
・常に変化、進化が求められ大変だけどやりがいがあるから
・会社の雰囲気がとてもよく、互いに向上し合える体制ができているから
・いい会社と思う。未来が明るいし期待できる

・社員をとても大切にしてくれる
・自ら提案し、仕事ができる楽しさと厳しさがあるから
・皆、意識が高く仲がいい。他の会社で働くことなんて考えられない

などの声が寄せられています。

佐藤俊之社長は「社長冥利《みょうり》に尽きる。私の方こそ感謝にたえない。社員のみんなを本当に誇りに思っています」と言われています。

四、信用は永い繁栄をもたらす……相手を利する

ほとんどの経営者は窮する時、信用よりも儲け、利益を選び、相手を裏切っていきます。そうして、こう自分に納得させます。「これは致しかたない。まず我が社が生き残らなければならないから」または「これが弱肉強食の（古い）資本主義世界。とにかく負けないこと」と……。自社の利益を最優先し、相手を裏切っていきます。

私はセミナーで強く経営者に求めます。

「新しい時代に入ったと自覚して自分から裏切ってはいけない。恩を刻んで生きていかねば、やがてすぐに自分が裏切られるから……利よりも信用を優先すること。どんなことがあっても、それを実行していると大丈夫。世間があなたを救うでしょう。過去の多くの偉大な経営者は「辛い時に信を選んだからこそ、今が

ある」と言っています。社会に必要とされる会社に成長した会社は、何度かの危機の時に利よりも信用を選び、パートナーとして信頼を育んでいます。勇気をもって、辛い時に耐えしのび利よりも信を選び、せこくない経営者、『マスゾエゾーン』に陥らないように成長してください。相手を利する主義で行ってください。

そのために、次の「少し損する」を身につけるとよいでしょう。

※「マスゾエゾーン」については、後のページで解説します。

①恩を刻んで生きてゆく
②信用と信頼を得ることを優先する
③自社の利よりも、相手の利に配慮する
④自分からは決して裏切らない

五、十%の損をあたり前と思って人生にあたる

十%の損とは、売り上げを求めて十%値を下げて売ることではありません。「十%の努力をあたり前にする」「人生の十%を人々のために捧げる」「怒りから遠ざかって人生時間の十%をひたすら人々に平和感・充実感をもたらすものを提供し続ける」等です。十%値段を下げるのは一番安易な方策です。それをしてはなりません。

いつも儲けたいと思っていると、つい自分中心の利に走り、必ず対立やトラブルや苦情が生じます。それに伴って悪しき評判が広がり、売り上げの減少がおきてきます。

利益を求めて突っ走るばかりで、なかなか人々に親切や救い、許しをあげられない人の為に別な言葉でいいますと「日常のあらゆることを少し譲って生きてい

く姿勢」です。いつも強引に自分の方に利の線を引いてはなりません。

どのくらい自分を引くかというと、日頃の十％でいい。

誰しもつい「もう少し。少しだけ、ちょっと儲けよう」と十％多く取ろうとしてしまいます。自分の利益率を高めて、せちがらい世界に入って欲にとりつかれて行き迷う方が普通です。

やはり伸び悩んでいる会社ほど、「相手を富ませること」を全く考えていない。いつも自社の利益を優先して、かえって顧客から嫌われてしまう。利益が上がらないと、一般的にどんな会社でも我慢できず「値段を上げる」「売り上げを高めたい」が優先します。これは国と国との争いでも同じです。強引な国はやがて大きく崩れていきます。

逆に伸び始めた会社は利用者、購買者、顧客の望むもの、つまり「喜びや希望を人々に提供する」ことを中心に会社経営をしています。新しい経営者は人生上の自分の奥にあるこの黒い『少しのケチ』を乗り越えなければなりません。

「愚か、賢い」の違いではないのです。少しのこの黒いケチを乗り越え、逆に少し相手に与える世界に入るのが繁栄の入り口です。

この私たち人間の世界は、「調和を乱した分苦しむ」のです。例えば私の陶器の素焼きでいえば、素焼きする場合、一挙にたくさん焼こうと欲張って、積み上げた棚からはみ出した器は直接炎にあたり、そこから破損してしまいます。

このように、ちょっとした自己中心の欲によって調和を乱すと、その分必ず苦が訪れる。いや、苦で補わねばならなくなるのです。

失敗やトラブルは多くの場合、欲の過剰が原因。何事もオーバーした分調和を乱す。そこには「痛み」と「学び」を伴う。その痛みから、次策の「学び」を得ると向上につながります。

それが『マルイチ理論』です。失敗を嘆かず気づいてやり直せば「バッイチ」でなく、すべてＯＫ「マルイチ」です。

何事も偶然ではなく、すべてのトラブルはいきなりやってくることはなく、少しのケチが重なり『準備が整った時にやってくる』のです。

①十％の損をもって信に変えていく
②少しのケチから脱出する
③調和を乱した分、苦しむ
④マルイチ理論を学ぶ
⑤トラブルは「準備が整ったからやってくる」

六、心（想い）は形をなす

日本は過去の歴史上、災害が多かったせいで多くの日本人は昔から不安がりで、心配性です。

私たち日本人はその心配ぐせを幼い時から仕込まれています。知らず知らずのうちに、つい心配で挨拶がわりに「気をつけてね……」という口ぐせで毎日悪しき未来を取り込むことをやっています。典型的なのが「万が一に……」または「気をつけてね……」という二つの口ぐせです。

この心配ぐせを「楽しんできてね」か「いい時間でありますように」と「楽しい未来」に変えていきましょう。毎日のあいさつを「良き未来」を口にする習慣にしてみると未来が変わってきます。

良き未来とは、完成した順調な自社の未来のことで、それを「ありがとう、感謝しています」と言って、やがてやってくる未来にお礼を先に言ってみることです。神社のお参りと同じです。「願いごとはせず感謝のみを捧げる」のです。

これを習慣づけてみると良き未来がやってきます。トラブルがいろいろあっても、そうするとだいたい「ああ、よかった」という結果をもたらします。確実に未来が良き方向に変化していきます。

良き未来を期待して受け取ることを習慣にしてごらんなさい。「ホラね、やっぱり！」という良き未来を受け取り、不安とイライラがある日消えていることに驚きます。つまり『すべて結果オーライ』の世界を体験することなのです。

自分が望んでいた着地点とは少し違う地点に着地するかもしれませんが、後にその着地点の方がよかったと神の采配に感謝する日がくるでしょう。

ありがとうの先取りをマスターしよう

この神社の参拝と同じ「ありがとうの先取り」はとてもうまくいく方法です。

いろいろな駅のトイレに貼ってある「きれいにお使いくださりありがとうございい

ます」と同じです。

社の未来も、完成した良き未来を先取りして、その気になって「ありがとう」を実行するのです。「ホラね、やっぱり、結果オーライ、感謝、感謝」「ホラ、やっぱりいただいた」を口ぐせにするのです。

「未来の望ましい完成の先取り」をありがとうで表していく習慣を身につけてください。この肯定的生き方を身につけると、必ず人生が変わっていきます。

「きっとうまくいく。果報は寝て待て、ありがとう」

ただし、何もしないではありがとうの世界はきません。準備、なすべきこと、なせる努力はほとんどやってから、寝ながら朗報、つまり果報を待つのが極意。新しいことをする時は、未来の自社のあり方や、経営の姿をはっきりとイメージ(描き)し、今なすべきことを整えていくのです。つまり、「未来という時代から今を見て、今を整えていく」のです。

あなたが「先が不安」と将来が見えなくて不安なのは、未来の「こうありたい」という姿を具体的にイメージしていないからです。将来を描けず不安なのです。まず、未来を整える。そしてそれに備えて、今の現実を未来に向かって準備していくのです。

これが得意なのが孫正義氏と、元セブン‐イレブンの鈴木敏文《としふみ》氏です。また長嶋茂雄選手も、イチローも自分の未来をはっきりイメージし、それに向かって努力してきたと言っています。

新しい経営者は「良き想いは形をなす」「口にしたことは実現しやすい」と知って、良き未来を口にしてください。そして体験を重ねていく。そしてうまくいった時はいつも「ホラ、やっぱり！　感謝します！」と口にする。そうすると、運の河の流れに乗ることができるから不思議です。

心の力をも利用する新しい時代に入ったことを自覚してください。

①未来を整える。次に今を準備する

②心配ぐせ「気をつけて……」を改める

③ありがとうの先取り

④ 常に「結果オーライ」の世界を自分のものとする
⑤「心の力」の大きさに気づき利用する

七、「一秒の祈り・一秒の感謝」は経営を立て直す

モール内の店舗や百貨店・居酒屋等で叫ばれる心のこもっていない「いらっしゃいませ」「ありがとうございました」は、意味のないかけ声にすぎない。特にお客に顔と目を向けず、背中で言う「ありがとうございます」は意味がない。ただの「あそび声」に聞こえます。

心のこもらない感謝の言葉は、ただ売り上げが欲しいか、店を賑やかにしたい、売る側の一方的な欲にすぎないとお客は知っています。これで他の会社との差別化を図ろうとしても、心のこもった応対をするお店が現れたら、たちまちお客はそちらに引き寄せられるでしょう。他社との差別化は店の商品・店舗設計も良くしなければなりませんが、現場ではただ、「お客がお店に来てくれるだけでもありがたい」くらいの感謝の念を担当者に抱いてもらうことが大切です。

どんなに良い商品、研究者が一所懸命に開発したものでも、それらに花と色をつけるのは売り場・現場の人たちなのです。現場の人たちの売る技術ではなく心のありようが、そのお店の雰囲気を左右する。不思議と店内の店員の心持ちは、店内の雰囲気を大きく支配することを経営者は知らねばなりません。

心のない「ありがとうございます」を百万回唱えるより、「ありがとう」「おかげさま」を口にする前に、胸に手を当て一旦心の中に留めて、それから目を上げて「ありがとうございます」と口にするならば、お客に感謝が伝わる。心の中で「一秒の祈り・一秒の感謝」を唱えると、会社だけでなくそのことを習った、その人の人生も変わってきます。

さあ!!「みぞおち」に左手をあて、軽く会釈しながら心の中で「ありがとう。感謝です」と唱えてみましょう。

これを取り入れた福島の大型ドラッグストアの神野店長は「社員の目が変わってきました。社員の顔が穏やかになり、明らかにグチが減ってきました。店内の雰囲気が、とっても良くなってきたのを感じています。これは売り上げにも素晴らしい効果を生んでいます」と報告してくれています。

何か社員が落ち着かない、何か荒れていると感じた時、周りに感謝を伝えることがなくなっているかもしれません。この時代、競合店が乱立しこれだけ商品があふれ、お店が街中にあり、日本中にある中で、他社にないものは社員みんなが感謝の経営に参加しているかどうかです。また来られた方が、このお店のこの一品を選んでくれたことはとてもありがたいことであります。この一品は製造にかかわった多くの人の熱い想い、アイデアで生まれ、多くの人の手を経て商品となり運ばれて、お店に届く……途方もない時間と手と労力とがあると知ってもらい、買っていただくのですから、慣れの販売はその人々の努力と人生を無駄にしている。どの段階においても「一秒の祈り・一秒の感謝」はすべての商品、人々の努力、生活に捧げられると知ってもらいたいものです。秘訣の一つは「商品になるまでの念」にあります。慣れと習慣から足を洗い、その意義を社員に知ってもらうことは感謝の思いにつながります。商品をお金の元へ送り出す時一つ一つに「いっておいで」か又は「役に立ってください」と言葉をかけるのです。これを取り入れると、淀んでいきづまっていた経営は、みるみるうちに変わるでしょう。

①お腹に手を当て、感謝を唱える

②商品を「感謝」で送り出す。

エピソード

トイレ掃除と一秒の祈りはすごい効果

私は陶器づくりで生計の一部を立てています。陶器の成形過程で私は必ず陶器に二つの祈りを込めます。一つは「この陶器を手にした人に、安らぎと幸運が訪れますように」、もう一つは「この陶器を使った方々から、病が去りますように」という二つのことを祈るのです。あなたに幸運と、健康がありますようにと。

特に病気の方には、病が治りますようにということを祈りながら作ると、それは不思議に伝わっていきました。器を買われた皆さんは「何か違う、お茶がおいしい、器があったかい」「つい、いつも北川さんの器で食事をしてしまう」と喜ばれます。

同じように自分の会社内においても、商品にも良き祈りと感謝を込めて送り出すのです。必ず伝わります。

次に、それを実践されているのが㈱ニット技研（東京都）の岩鬼諭社長です。創業以来の黒字と利益が出始めたのです。今は利益ももちろんですが、社員に対する信頼と商品を送り出す時に、一台一台手を添え「お客様の役に立ち、幸をもたらしておくれ」という祈りを捧げていて、それが伝わっている実感があるとおっしゃっています。（一度訪れてみてください）イエローハット創業者の鍵山秀《かぎやまひで》三郎《さぶろう》先生がおっしゃっているように、まずトイレをきれいにする。トイレにも良き祈り（社員の健康とお客の安らぎ）を込める。入り口の飾りを美しくするだけでなく、出口の一番汚いと思われるところをきれいにすると、人々は安らぎ、その会社が生き生きとして社員に笑顔が満ちてくるから不思議です。うまく運にのっていないと感じるならば、まずトイレから……。

もし社員がやり甲斐を失っていると感じたら、社長みずから汚れやすいトイレを、せめて週に一回は自分自身で素手で磨くということは、場が清められとても士気を高めます。

私自身は、泊まったホテルのトイレは出発の日に磨くようにしています。大きくて見かけがよいシティホテルでもトイレが黄ばんでいるところがあります。すると、そのホテルの将来が見えてくる気がします。

トイレの美しいホテルは「品」と人気があります。私が定宿にしている東京・水道橋の「庭のホテル」は人気があってなかなか予約がとれません。洗面所のコップと、室内で飲むお酒用のコップのサイズをわずかに大きくしてさり気なく差をつけ、お洒落《しゃれ》にする等、トイレや部屋に「品」があるだけでなくいたる所に「さりげないお洒落」という気遣いを施してあるからでしょう。

佐賀の安永正社長㈱安永の七代目。美容に関する商品卸などのサロン事業、教

育事業　三期生）は昔、体調が悪くまた業績も今一つでした。胃と腸にポリープが度々でき、不安の中にいました。いつも数字を見つめ売り上げが気になって不安だったのです。

これではいけないと、利を追うよりも社員と顧客のために会社を運営しようと強く決心され、同時に社内のトイレの掃除を率先して始めました。もちろん肉食はほとんどやめ、菜食に切り替えていきました。

ある日いつものように、便器を洗っていると自分の胃や腸の内を洗っているという錯覚にとらわれたのです……つまり、自分の内臓の内をごしごし洗っている気持ちになったのです。

その頃からピタリとポリープが発生しなくなったのです。「あんなに何年も病院に通っても治らず、体調が悪かったのがトイレ掃除を始めて体内を美しくし、野菜中心の食事に切り替えたらピタリと治ったのです」……と言われます。

それからたくさんの気づきを得、社員と顧客を大事にし「今できるサービスはすべてなす」を実行して信用がきたのです。

今、社内は活気に満ちています。会社の車は全部レンタカー並みにピカピカに磨き、社内はいつも整理整頓、片づけられて、「全社スッキリ爽やか」のスローガンを掲げています。

いつでもすぐに営業に飛び出していけるように……。そして、ひたすらお客のために、人々のためにと七代目として家業を楽しめるようになったと言われています。当然、業績はぐんぐん伸びていきました。同時に社会貢献も大切と、地域の活性化にも力をいれています。

その始まりは、売り上げ減に苦しむことで、自分中心の利益の総取りから目ざめ「周りの人々の幸せ」は何かと考えるチャンスをセミナーで貰ったからと言われています。今は将来のメドもつくようになったと言われています。

八、経営者は社会貢献ができてこそ一人前

信州の片田舎、伊那のはずれに素敵なケーキ屋さんがあります。そこはカフェも賑わっています。「えっ、こんな地方の人も少ない片田舎で、カフェとケーキ？」とお店の賑わいに驚くことでしょう。その伊那で「夢ケーキ」をつくっている㈱菓匠Shimizu《シミズ》の清水慎一さんのお話を聞いてみましょう。

「私の父は、駐車場内での事故は一切責任を負いませんといった、せこい看板等は一切付けたくない……店舗駐車場内での事故だったら修理代くらいこちらが支払ってあげようと毅然としていました。

また、お買い物の金額よりも多いお菓子を、お土産に渡してしまう人の良い祖母、毎日配達業者さんにお茶入れし、食べきれないほどのおやつを用意する母、

そのような環境で育つことができた私は幸せだとつくづく思っています。

いつも『母を助けたい。両親に楽をさせたい』と思ってやってきました。今、自分の店を持ち、切り盛りできるのは両親のおかげであり、恵まれていると思います。

そんな私でも各地で修業を重ね、フランス等で一流シェフの方々を見てきた私はおごりが生じ、こんな『ど田舎でのケーキ屋』をやることに対し、一流と呼ばれるパテシエになりたいと父と激しく対立して先が見えなくなっていました。

そんな時、自分が唱えた『夢』という言葉にさえ迷いと悩みを抱えていました。以前は誰よりも熱くなりたい、情熱こそが生きる力だ、そんな思いが強くありましたが、ガツガツギラギラと力むよりも、落ち着いて、いい意味で自然体でいらっしゃる多くの成功者にお会いするにつれ、ここ数年は『熱さよりも温かさのある人間でありたい』と思うようになりました。そんな折に、この新しい人間経済の理論を知り、

『心には力がある

良き想い
良き期待は
形をなす』

という言葉に出会いました。裏にある意味は『悪しき想いも、悪しき期待も形をなす』ということでした。そして夢は一人でがむしゃらになるだけでは叶わない。周りの人の理解と協力があってこそ叶う。そう心から思えた時『夢は必ず叶う！』と勢いに任せて走っていた自分が恥ずかしく思えてきました。

今は経営者としてどうあるべきか。安らぎと、安定した経営を続けるのには争い合ったり、ただ店を大きくするだけを目ざすのではなく、敬い合い、補い合う人間関係を構築する。また、自分よりも先に相手を富ませること、自分が少しくらい損をしても相手の利を優先させたことが信用を得ること等を学びました。父、母、祖母の想いが正しいと再確認できました。

本当に信用は繁栄の元となることを体験しています。『利より信』です。そしてただ自分の夢を果たすだけでなく、人の役に立つことが人生を豊かにすることも学びました。

今私は、社員の夢をどう叶えるかに取り組んでいます。この業界は独立するのは資金面でもかなり厳しいものがあります。『社内独立』のような形も模索しています。また二階の倉庫を改装し、スタッフのお菓子教室をやりたいという声に、ガラス張り調理室も作りました。また、パーラーをつくり新しく部門を設け地元の農家の方とファーム事業も始めました。その他託児機能を持つ社内子供園も計画中です。

社員一人一人が働きやすい環境が、お客様の喜びを生み、伊那の地域に貢献できる活動につながることが今後の㈱菓匠Shimizuの経営方針の大きな軸であり、それを追求するのが私の役割であると思います」


この清水さんの気づきの高まりで、社会貢献の輪が広がるにつれ、㈱菓匠Shimizuのスタッフは間違いなく力をつけて成長し始めました。清水さんを見ていてわかることは、経営者が「企業が何たるか」に目ざめ、社会貢献ができる時、経営者もスタッフも共に成長していくということです。まず相手を富ますことで、自分たちが幸せ感を得、志を立てて地域や人々のためになることを始めると、人々は応援し始めます。

利益の中心に自分を置かず、せこく生きないこと。人として、経営者として「節度を知る」ことを年々覚えていくと、昔の日本人が持っていた誇り、「名を惜しむ」ことに行き当たります。

恩を刻んで、自分からは裏切らないことで神の途方もないご褒美《ほうび》がもらえるようです。ご褒美とは、人々からの尊敬と、いつまでも㈱菓匠Shimizuが伊那で栄えて、伊那にとってなくてはならない存在になっていくというのが神のご褒美《ほうび》と私は思います。

夏の早朝、トンボ舞う森

九、この法則を学んだ経営者の声

一、社員に対する自分からの信頼を増すと、社員が応じてくれて、始まって以来の業績となった。私はすべての製品に感謝とお礼のことばをかけて送り出している。実に、今社内が変革したと感じている。

（東京都　㈱ニット技研　岩鬼諭社長　三期生）

一、強権的だった自分を変えようといろいろ試みるようになり、会社以外の人々から「ありがとう」と言われる自分に驚き、幸せに感じている。

（福島県　㈱共進　伊藤潤一社長　四期生）

一、社員の満足度だけでなく、誇りと仕事の面白さを高める取り組みをあれこれ

試し

社員もついてきてくれるようになった。残業は少なく、有給確実を実行。数字は求めないが、業績は飛躍的に伸びている。

（新潟県　㈱オークス　佐藤俊之社長　一期生）

一、数字より社員に目を向けられるようになった。ある日より急に業績が向上し、安定してきた。今、理容・美容を通して地域に貢献だけでなく　①若い人の雇用を増やす　②アジアの人を受け入れる技術促進の学校を進めている。

（佐賀県　㈱安永　安永正社長　三期生）

一、第一講を受けた頃から「潮目が変わった」とはっきり感じた。今までの自分中心、自分の見栄が恥ずかしくなった。さっそくベンツを売って、自分の身の丈に合った国産車に変えた自分に驚いている。同時に社員が入れ替わり、その質が向上してきている。

（静岡県　合同会社With Win《ウィズウィン》　浅倉敬一社長　八期生）

一、私自身がグチと文句と不平ばかりだった。この法則を学ぶ前は「倒産寸前で、何もかも失って、小さなアパート暮らしをしなければならないかも」と思っていた。このセミナーの授業料が払えないほど追い込まれていたが、信用第一にして、丁寧な仕事と応対に自分を変えていったところ、急に注文が増えてお客がお客を連れてきてくれるようになった。不思議なことだがこれからも利に負けないように心を正していきたいと思っている。感謝している。

（宮城県　㈱オートウェイズ　新野知二社長　七期生）

一、私は今までずっと、売り上げと数字ばかりを追い、それ以外のことは考えたことはなかった。社員のこと、お客のことなんて思ったこともなく走り続けてきた。当然売り上げはあったが、何か苦しかった。ただ「仕事に仕事していた」後半生でした。今は違う。売り上げは少なくなったが、逆に利益と心の安定は増し、時間にも人生にも余裕が持てるようになった。あの頃は走りに走っていた。でもあれがあったから、この法則に出会えたと感謝している。

（宮崎県　㈱二葉　角田より子社長　三期生）

Ⅱ どこを改めればよいか……改めれば必ず伸びる

一、お金を追うのではなく「幸せを追う」ことだ
二、なせる善（サービス）をすべてなしているか
三、会社を戦場にしない……善意のサービスで地域貢献
四、拡大よりも、まず充実
五、社会貢献と事業を結びつけることです。ビジネスチャンスがあり、
　　事業が拡がってくることを体験するでしょう
六、朝、掃除をする会社はなぜか栄えている
七、たくさんのハウツウを捨て、肚を決めて人のために生きる一本に

一、お金を追うのではなく「幸せを追う」ことだ

経営に携わるようになると、ほとんどの経営者はとにかく、売り上げと数字を目ざします。お客が求めているものに目を向けるよりも、まず数字が上がるものを追い求める。そうすると人々が求めているものと、自社が売りたいものには差が出てきて、お客は急に逃げていくのです。

売り上げが伸びない時、自社が何を人々に提供しようとしているかを見直さねばなりません。形あるものや、売るハウツウをいろいろさぐっても無駄です。

それよりも、人々が求める向こうにあるもの、自分に幸福感を与えてくれるもの、本当にそれを熱心に具現化しようと努力する会社を人々は見つめ、探して、求めている。あなたの会社が人々の「心を満たすもの」を提供しているかが問われます。

このように人々は「幸せ感」につながるものを有形であれ無形であれ無意識に

求めています。

大衆の大部分、八割以上の人々は、平凡で善意の人です。争いを好まず、嘘をつかれるのが嫌いで誠実であることを会社に常に求めています。

その八割の人々に向かって常に、とことん信用と誠実と幸せを提供するのが、社長の目ざすものであれば繁栄していきます。そこに「共栄共楽」の新しい世界観があるからです。

新しい経営は、お金（数字）を追うのではなく、「人の幸せ感」を満たしていくもの（事業）を追うのが大切です。絶えず少々の失敗や危機にへこたれず、「ありがとうと言われる世界」で人のために情熱を燃やし続ける、ずーっと一生です。ずっと……です。

① 八割以上の善意の大衆が求める「心を満たすもの」を探す

② 「共存共栄」を脱して、「共存共楽」の世界へ

③ 「ありがとう」を言われる世界に行く

二、なせる善（サービス）をすべてなしているか

嘆く前に「この短い人生でなせる善はすべてなせ」です。人の役に立つことがあなたの喜びになった時、周りの人々があなたの夢のためにいろいろな良き情報をもたらすでしょう。そして、あなたの善意のお手伝いをしに集まってきます。結局、古い戦略・戦術で戦っている時よりも、あなたの人脈も生活も豊かになっているでしょう。

そこで企業の場合は、この「善」を「サービス」に変えてみると同じことが起こります。どんな商売においてもサービスには「このくらいで……」というのはありません。

でもそれを「売り上げのため」に「もっともっと」をやっていては動機が不純で、利益がからんだサービスは社員もお客も疲れてせちがらくなります。アイデ

アも枯渇してきます。

地域おこしもそうですが人々の生活を充実させ、喜びを与え、安心させることはないか、「幸せ感」につながるサービスなのかを日々徹底して話し合わなければなりません。「人の役に立つサービスはケチるなかれ」です。

もっと感謝とありがとうに生きる何かできることをしてみようと、週一回は社内でディスカッションし話し合うこと、会社として困っているお客に何ができるか、もっとできることはないかを全員で求めなければなりません。

ここでも目新しくありませんが二つの視点が大切です。一つは「お客様だったら……」の視点。二つ目は「当たり前の洗い直し」です。それを新鮮な思いでやることが大切です。


広島でコーヒーショップの展開を図る吉野さんは行き詰まっていました。ある時から急にお客が減り始めたのです。吉野さんは物事を深く考えるのが苦手で、本も嫌いでした。その吉野さんに「なせる善はすべてなせ」を学んでもらいました。「わからない！」と言われました。次に、「今なせるサービスはすべてなせ」と社員に伝えて話し合ってもらいました。

「なすべきサービス」と「なせるサービス」は違います。なすべきサービスは山ほどある。それは尽きない。もっともっと善意は広げられる。でも、今はできるサービス（なせるサービス）から始めて「なすべきサービス」の山を崩していくのです。中心は善意と感謝・人の笑顔、そして『温かさ』……いい客も悪い客も、「とにかくウエルカム」で接客してゆく。

吉野さんは、ゆったりと生きていた社員に対しては半ば強引にお客様へのサービスを徹底し始めたところ、わずか半年で変化が起こり始めました。お客様から「ありがとう」「すごくよくしていただきました」と直接担当した社員が言われるようになったのです。そして五つの変化が起きたのです。

一、社員がサボらずピシっとし始めた。遅刻がほとんどなくなった。

一、仕事にやりがいを抱き、「ありがとう」と心から言われて、ますます人々へのサービスを楽しむようになった。

一、今まで自分が勤めているこの会社の「名を誇らなかった」社員が、この会社に入れたことを誇るようになった。周りの人に胸を張って自分の会社名を告げるようになってきた。

一、この仕事が社会に役立っている、必要とされていることに社員が「お客から気づかされ」……「いい会社なんだ」と仕事に誇りと使命感を持つようになった。

一、社内外の掃除に積極的に参加してくれるようになった。そして会社の存在が公共性を持つようになった。

吉野さんの始めたサービスは難しいことではありません。お客を喜んで迎える心、こちらから先に投げかける笑顔を毎日持ったこと、徹底した社内掃除、店の周りや近くの神社の掃除もした。

あなたの会社でも、まだなしていないサービスは「わんさ」とあるはず、それこそ人々に喜ばれるサービスは無尽蔵です。行きつく先は公共性を含んだサービスをすることです。つまり「祭り」に近いことをやれれば最高ですが……。

まずは社内、店内をピカピカにすることです。そして「お客に喜んでもらえることは何でもしよう」、その時「お客のため」はやめて「お客だったら」と立ち位置を変えてみるのです。

お客の喜ぶことは何でもしよう、は社内の活気につながります。さらに上に行くには「お祭り」につながるサービスを見つけられるようになることです。そうすると、あなたの会社は公共性を持つことができるでしょう。するとさらに五十年、百年は必要とされる会社になってくるでしょう。

「嫌なお客もいいお客も歓迎しよう」。つまり、平凡な一般のお客を大事にしていくのです。そうすると、嫌なお客の数がどんどん減って、逆にいいお客が増えて売り上げが安定するでしょう。

【例二】松田佐吉さん（山形県　㈱財務サポート社長　四期生）

私は東北の経済のため、ずっと四十年間戦ってきました。東北の企業のために、二十億、三十億という利益を打ち出し、当たり前と思って戦ってきました。

十年ほど前、五十歳になった頃から、フッと疑問を持ち始めていました。たぶん戦いに疲れてきたのでしょう。戦う経営者たちの中にも、同じように戦いたくないという方達も増えてきていました。

私は戦わないで？　利益を得たいと思ってやってきましたが、「どうしたらよいかわからない」状態で、そういう経営者に答えはあげられなかった。

この本（『繁栄の法則』）と、「満月の夜の勉強会」セミナーを受けて「戦わない」だけでなく、さらに「味方だらけの経営」の道を知りました。ちょっと衝撃的でした。

そうか……戦うよりも人を幸せにしてあげることで、戦わず人々を引き寄せられる展望が開けた思いです。「やっとみつけた正しい経営」その入り口に入った思いです。

【例二】二山《にやま》正治さん（福岡県 ㈱Vibrant《ヴィブラント》社長）

このセミナーを受ける前は、なぜかトラブル続きで倒産寸前でした。「味方だらけの経営」を知りましたが、実施（自分を変えること）は難しいなと思いました。しかし、こう対立が多くては毎日が大変、とにかく対立はやめよう。先生の言われるように悪いのは自分だから、すべて受け入れよう。なせることとして、仕事の境界線（私の仕事はここまで、これから先は請け負っていません）をなくそう。そして、自分にできることは知識を総動員して手伝おうと、自分の姿勢を変えていったら不思議が起こりました。

なんとそれだけで仕事先が増えて、仕事量が多くなったのです。決算前の処理量が二倍になりましたが、頑張れるようになり、不思議といろいろな難問が解決して時限に間に合い、すっきり納まるのです。そうすると次々、また別な会社から経理処理を頼まれ始めたのです。

先生から、楽を選ばず「困難な道を歩め」と教えられ実行。以前は難しい仕事は嫌だ、できるなら逃げたいと思っていましたが、今はこの難問はどうしたら解決できるかと考え、少し大変だけど楽しくなったところ、なぜだかうまく「すっきりできる」ようになっていきました。

昔、ヤンチャで考えられなかったのですが、今感謝できる自分がいる、心も落ち着いてきました。会社の将来展望も見えるようになりました。以前はすぐ「イライラ・カリカリ人間」でしたが、そのことが自分のトラブルという業を増やしていたと教えられ、気がつくと事業が安定し穏やかな今の自分がいることに感謝です。

三、会社を戦場にしない……善意のサービスで地域貢献

何度も言いますが経営に刀（学歴・地位・名誉・権力・個人・欲）を持ち込んではいけません。会社が戦場になっていませんか。新しい経済活動は私たちの平凡な人間の日常生活と心を豊かにするためにあるのです。

世界中の経営者、経済学者が未だに大昔のまま、男が戦っていた国盗り時代の古い男社会の競争意識と競争原理を経済界に持ち込んで世間の人々と戦っています。

まだ、経営者のほとんどは戦術・戦略という言葉を大切にし、それを経営にあてはめ、勝ち負けにこだわり経済戦争をしています。

そろそろ戦わない新しい思考の経済社会をつくる時代に入っていいのではない

でしょうか。

世界中が個人の利を追い、欲を優先し争っている、その解決を一人で教えることは大きすぎて、とても無理だと私は悩んでいました。ところが今、若い世代の経営者が愛と信用を、戦術と戦略に置き換えて新しい経営を営む人が増えてきています。その人々は戦わないほうが、顧客から支持を受けるというこの素晴らしい事実に気づき始めているからです。

これから新しい経済社会は男の戦い意識社会だけでは成り立ちません。今の世紀は女性が解放され力をつけていることは明らかです。イギリスもドイツもアメリカも、そして日本の東京も女性が首長を務め始めているではありませんか（二〇一六年九月現在）。

そのうえ、先進国では経済の支払い能力は、女性の方が優れていると気づき始めた人も多いことでしょう。それはデパートに行けば一目瞭然です。地下を含めて全館ほとんどの階が女性向けの商品で埋まっています。

「次の新しい経済社会は戦略・戦術を必要としない」となるでしょう。また、そういう新鮮な社会をつくりたいと思います。

まだ少数ですが、肉体的に弱い人、また平凡な人、大部分の平和に生きたい人々を相手にし、その不器用な生き方さえも大切にしてあげられる経営者が増えています。これからは経営者が「信用」と「思いやり」と「凡用性」という心の技術を身につけて、「人々に幸せをもたらす」かが問われる新しい時代に入ってきたと思われます。次の時代に向けて「新しい人々よ、経営に刀を持ち込むな、戦わずして愛と救いと信用で経営を立てよ」という思考の進化に目を向けよと叫びたくなります。利よりも信用を優先し、社会に貢献する姿勢を現場に提示して、商品を信頼と思いやりで包んで世に出していけば、必ずや世間の応援を得るでしょう。

では権力を望む古い経営者が恐れて離さない刀を、何に持ち替えたらいいのでしょうか。前にも言いましたが、それは「笑顔」と「温かさ」です。自分はもちろん家族にも社員にも取引先にも、そして顧客にも笑顔をもたらす方策を、社の中心に据えましょう。

もう十分戦い疲れたではありませんか。世に利に満ちた混乱ではなく、新しい秩序と安らぎをもたらしましょう。人々に健康と、良き環境と、良き対人関係をもたらし、嘘とごまかしのない新しい生き方が、あなたの会社の社員全体の意思であり社の中心理念であると世間に示しましょう。

これを確固たる信念に据えて経営をやってみると、あなたが驚くほどの終わりなき清栄を得ることでしょう。

善意のサービスで地域に貢献する

この題に挑戦しているのが、店舗は大きくはありませんが佐賀で十五人ほどの社員を抱え電気店を営む、㈲原田電気・原田貞利さん。

お店は街で「御用聞きの電気屋さん」と呼ばれています。

佐賀も高齢化の影響を受け、人口の減少と一人暮らし、高齢化の波の最中にあります。買い物をするのもつらい高齢者、孤立化の不安を抱える人々がここ数年急増しているのです（二〇一六年現在）。

そこで原田さんは、地域の人々のために「ただ金を儲けるけることや店を大きくすることが商売の目的ではない。地域に溶け込み、経営を長く続けることがこの会社の存在意味」と気づき、「店とは何か」を見つめ直して、勇気を出して地域の人々へ心のサービスを徹底することにしたのです。

初め今までの楽な田舎暮らしに慣れた社員は、そんな面倒くさいことには反対でした。狭い田舎社会では「無料の親切」が売り上げにつながると思っていなかったのです。「社長、てっとり早く売った方が勝ちですよ」と、皆、原田社長に文句を言っていました。

「いやいや、人々からのありがとうが何よりのエネルギーですから、それをやりましょう」

原田さんは社員を鼓舞して、とにかく店の顧客約千世帯を御用聞きに徹して細かく巡る。「どうですか、何か困っていませんか」。トイレが詰まると聞けば直してあげ、田んぼの水はけが悪いと聞けば発電機とドリルを持って駆けつける。原則、余分な工事代金は受け取らない。そうしたサービスを受けた地域の人々は総合的に見れば大きな電気店で買うよりも、原田さんの店で買う方が安いことに気づいたのです。

「なせるサービスはすべてなせ」と難しい取り付けも笑顔で引き受け、後々まで面倒を見てくれる。そこまでやるから当然お客は大型店でも買える商品を原田電気で買ってくれる。親切で人々と結びついているから大型店の方が安いという客の不満は少ない。

「適正な利益の上で買っていただき、売ったものには責任を持ちます」という社是の上ですべて責任を持って長い期間修理を請け負うから評判が良いのです。

「手の届かない高い所の電球も取り付けてくれる」

「蛍光灯一本でも持ってきてくれて助かるわ」とにかくできる限り「ＮＯと言わない」

超一流ホテルのシステムと同じです。

昔、日本の経済社会が持っていた相互扶助の役目（御用聞き精神）を復活し、地方に光をもたらしている原田さんは輝いています。

市場が小さいからお店は大きくはならないかもしれないけれど、人がいる限りいつまでも必要とされ、店は続く。それが地方であって、サービスが隅々まで行き届く小さくてもニッチな商いとしては最高の道ではないでしょうか。

四、拡大よりも、まず充実

経営が少し順調になると、野心家や有名好きな経営者はすぐに拡大をしたがります。

大きくして売り上げを伸ばし、社員の給与を上げると口では言っている経営者がいますが、社が大きくなった時、まず上げるのは自分の給与という「せこい経営者」がほとんどです。しかし、ずっと繁栄を続けたいならば、その前に拡大よりも充実が先です。

これはいけると思うと、大体の経営者はすぐに全国に支店とか営業所をつくり、社員数を増やし、社員の給与を上げることをしなくなります。それは男性の本能的なものかもわかりません。ちょっと大きくなると、すぐに「会社が大きいことが自分の大きさの証明」と次々に支店をつくってしまうようです。

支店をつくって拡大するより前に、社や組織や人材の充実を図り、技術の向上と商品の凡用性をよく高め、会社の理念をはっきりさせ、システムを整え、組織や社員に対する給与や他の保障を高くし、整える必要があります。自分だけが潤うための「大きいばかりがいい会社」は良くありません。

一時的にうまくいって、どんどん拡大し二店目、三店目、あっという間に十店目となると、人材不足と借金の増大により、社会の動向の変化に追いつけなくなります。先見性のない拡大はあっという間に潰れてしまいます。

なぜなら、支店を任せられる社長の望みどおりの能力のある人材は少ないからです。急な人材の育成は追いつかないことがほとんどです。

順調になってきたらまず動機の純粋性に基づいて拡大が社会奉仕につながるのか、なぜ今、拡大が必要なのか、技術は追いついてきているのか、自分よりも社員や地域は潤っているのかを落ち着いて考えてみることです。

人材の育成と社内の充実、設備とサービスの改善を図ること、社内とお客とのコミュニケーションの充実と、それから社内教育体制の確立、技術能力の育成、製造能力など先にやるべきことを縦に並べ、順にこなし社内を充実させることが大切です。

そして、順調な先を歩む経営者を見習って、確実に信用をとった時に、それから少しずつ拡大すればいいのです。

人々の役に立つ想いに目ざめた支店長を増やしていくのは正しいことですが、ただ利益のために拡大を先に目ざした会社は、途中で消えていく例をたくさん見てきました。迷ったらやめることです。……覚悟ができたらやりなさい。

五、社会貢献と事業を結びつけることです。ビジネスチャンスがあり、事業が拡がってくることを体験するでしょう

「出会った人を幸せにする」がサービス業の基本です。とにかく社員一人一人が自分の生き方の中心にこの想いを抱いてもらうと、社員も笑顔になれる。社員に目ざめてもらうように教育していくことです。人の幸せを願う会社ほど素晴らしいものはないからです。このことに気づき、目的とした企業は伸びています。

特に対人関係の分野（サービス業）で伸びている会社を多く知っています。販売業、旅行業やホテルや美容業界は技術よりもまず接客の意味と楽しさを社員に気づいてもらう勉強会を徹底することです。「どんなお客も嫌わない」を仕事の第一義とするのです。そうすると社内にもお客にも驚くほど笑顔が増え業績が伸びていくことでしょう。

今日、日本は八十％以上の企業がサービス業です。サービス業のお客のリピート率は商品よりも技術よりも、接客で決まります。

デパートやホテルのフロントは、一日の始まりに、接客する「お客の好き嫌い」という感情をまず一旦なくす。今日一日を「寛大に生きる」と朝礼で約束すること。来る人、出会う人に好意と安らぎの縄をさっと（意識の上で）投げかけ、人みなこの地に生きる仲間と受け入れる。今日一日、昨日の嫌なことを忘れお互い笑顔で生きる（寛大に生きる）と毎日唱えてもらいましょう。

〈余談〉

『善意の人……ウルトラマン』になってみませんか。私たちは「ウルトラマン経営者」を進めています。

日頃から、心のあり方を変えていく試みを始めるのです。

いつでもどこでも、電車の中や街中でも

『善意と好意は与えっぱなし』を心に置き行動してみる。見返りと期待を最初から持たない。

「善意と好意は与えっぱなし」、それが私の言うウルトラマンになる極意。イライラと毎日を送らないため自分の心が澄んでいるかどうか、善意に満ちているかどうか問うのです。

たとえ相手の反応が悪くても、ありがとうの返りがなくても、お礼の言葉がなくても、自分がやってもらって嬉しかったと思うことを人々にやってあげれば大丈夫。そして期待しない。

人生の後半には必ず世間は味方してくれます。びっくりするほどご褒美がもらえるでしょう。するといつしか最高の「ウルトラマン経営者」になれます。一日三分、善意のウルトラマンになってみませんか。

六、朝、掃除をする会社はなぜか栄えている

玄関だけでなく、トイレの掃除がいきとどいている会社は栄えています。逆に、スリッパや靴が乱れている会社はやはり栄えていません。

挨拶、笑顔のない会社は不思議と社会から消え去っていきます。新潟三条市の㈱オークスも、社員やる気度の高い有名な会社ですが、毎朝二十分の掃除時間を設けています。やはり清潔な職場は基本ですと言われています。

㈱ナテックスの前社長・山田寛《ひろし》氏は数千万円の大赤字の会社をまかされたのですが、その数千万円の赤字をわずか三年で数千万円の黒字に立て直された方です。

「黒字になった理由はいろいろありますが、なんといってもまず朝と夕に掃除・

整理整頓を取り入れたことが第一要因です。淀んだ社風を変えるのが最初の仕事でした。とにかく赤字続きの消沈して淀んだ空気を入れ替えねばなりませんでした。言葉や、きれいごとや叱咤ではなく、社内を爽やかにすることがまず私がとりかかる第一のことでした。そのうえで、挨拶・靴を揃える、トイレをいつも磨くことを続けていると半年で社員が凛としてきたのです。

そこから出発しましたら、なんと……というか思い通り翌年から黒字になりました。それは、社内の消沈した空気が変わり、動かなかった社員が生き生きし始めたのです。まず、そこからです」

と自信をもって言われています。社員の善意に対する強い信念を持った方だからやれたのでしょう。

福島県いわき市の伊藤潤一さんは三十九歳の三代目の社長さんですが、毎朝四時半に起きて瞑想と呼吸法をまずやり、自宅の周りを散歩していたところ、二つのことに気づいたといわれています。「一つは、朝早くにもたくさんの方が散歩しており、挨拶を交わしてくれる。今までは自宅の周りや近所の方に関心が全くなかった。早朝の散歩は狭い地域ながらいろいろな方が住んでいるのだと知ったのです。二つ目は、昔はそんなことは思いもつかなかったのですが、散歩する道すがらゴミとその種類の多さに驚いた。そこで挨拶はこちらから声をかけ、ゴミを拾うために三十分早起きをし、拾いながら散歩するようにしたのです。人に気づかれないように拾っていましたが面白いものでどこかで見ている人がいるようで、その人々が自分の会社の社員や家族に『お宅の社長がゴミを拾ってくれてありがたい』と、『いいつげ口』をしてくれるようになりました。それからは今まで通勤のためだけに車で走っていた道に季節を感じ、しかも季節にはそれぞれの薫りがあることにも気づきました。人生の幅が広がってきた気がしました。そして自分の中に感謝の気持ちが湧《わ》いてくるようになった」と言われます。それまでは社長でありながらいつも「自分中心」「自己の利益が一番」、それが当たり前で社長はみんなそうだとずっと思って生きてきた。「感謝のつげ口」をもらって、今は視野が広がり、人々や社員に対する心の垣根がずいぶん低くなった。最近はさまざまな人々を受け入れられるようになりました……今まで考えもしなかった、この世に何をしに来たのかを少しずつ「考える」ようになったそうです。

七、たくさんのハウツウを捨て、肚を決めて人のために生きる一本に

私はたくさんの優秀な経営者にお会いしてきました。

アメリカのＭＢＡやマスターを習得されたり、資格を一杯持っている経営者にもお目にかかりましたが、どんな優秀な経営学を学んでも、本人の生き方が利益追求であり、すべて自分のための経営法であり、名をあげるため……つまり自分の幸の追求だけに興味がある古い考えの経営者であれば、どこか「やましさ」があり、やがて行き詰まっていっています。

どれだけ緻密《ちみつ》な経営方針も、経営者の体質が変わらなければ会社の体質は変わりません。今も数字と利益のみが最大の関心の古い体質の経営者がたくさんおられます。なぜこの新しい進化に気づかないのでしょう。

どんな優れた経営ハウツウも、心が濁っていれば、何度転んでも同じ知識に基づいたハウツウで対処するので、同じところでつまずき、また苦しむ。そして何が悪いのかわからない経営者になっています。

肚を決めて、今まで学んだハウツウを捨てて、新しく「人のために生きる会社」……一本にすることです。そうすれば、やりたいこと・やれることはたくさん見つかってくるでしょう。

山口明男会長（株）みどり合同会計　岡山県　八期生）は七十四歳（驚くほど謙虚な方）です。今まで「儲けられる」という唱い文句の高級経営セミナーにはほとんど参加したと言われます。

「そうですね。ウン千万円使いました。

……ずっとお金が大好きで儲けたいと思って、ハウツウが面白そうで受講料の高い有名なセミナーは、ほとんど受けました。でもいくら儲けても足りず私は不満ばかりつのり、いったい何やっているのだろう。自分が儲けることばかり追求して……みんなこんなものなのか……いや何かもっとトラブルの少ない、心が安らぐ経営があるはずと葛藤していました。

そんな時やっとこのセミナーにたどりつきました。今わかったことは、私がただお金が好きで野心に満ちていただけ……いくらハウツウを学んでも心が汚れていては、同じ結果、とやっと悟りました。

「今は心が安らぎ経営が安定してこのセミナーが世界一正しいと思う」と私に言われました。

山口会長にとってこれから、今まで学んだことをどう社会に還元していくかが宿題の一つだそうです。山口会長のように、とにかく「肚をくくった社長」ほど強い生き方ができる人はいません。

「多利は信を失い、過利は心を失う」と思います。

Ⅲ　そこにある不変の繁栄の法も学ぼう

一、欲でなした事業は、必ず挫折する……動機の純粋性に照らす
二、天は、おとし前をつけてくる
三、投げたものが返ってくる……すべてを人生の後半で受け取る
四、準備が整った時に、それはやってくる
五、善意と好意は与えっぱなし……純粋性を身につける
六、ドンベの理論……やり切ること
七、恩を刻んで生きてゆく……自分からは裏切らない
八、それは神事かイベントか……迷ったらやめなさい

一、欲でなした事業は、必ず挫折する……動機の純粋性に照らす

「欲でなしたことは必ず挫折する。志を立ててなしたことは継続と終わりのない繁栄をみる」

「いかに数字を上げるか、いかに利益を出すか」ばかりを追求する古い経営者は「いかに人々に幸せをもたらすか」を目ざし、人生を捧げてきた新しい経営者に比べ人生は不幸であると言える。

会社が数字と売り上げを追い、前月比、前年比、同業他社比ばかりが中心議題である会議は意味がない。人生時間の無駄遣いと言えます。

会議が毎日、毎日、利益上昇を求めて進み始めると社員の心の動きが止まります。動きの止まった会社になると、数字ばかりを気にする社長の顔は更にけわし

く、社員の気持ちもお客の心も読めなくなった時、今まで無理した分の苦情やトラブル、売り上げ減に悩まされてきます。苦情解消に走りまわるだけ、忙しいだけ、慌ただしいだけ。投げた矢が、どんどん投げ返されてきます。欲で「投げた矢が多ければ返ってくる矢も多くなる」状態です。

トラブルが多くて皆が疲れてくる。仕事が増えた社員は休日出勤も増え、おまけに残業代はつかず、上司の厳しい目線と叱責と目標に疲れ果てる。売り上げ減の原因がわからないトップや役員は何をしたらいいのかわからない。過去の売れた時の思い出の習慣で、今までよりもどんどん会議と催事を増し、社員の負担を増すだけ。下部はトップの期待に応えられず、少しずつ業務に「ごまかし」が入るようになります。このような社運の傾きの原因を、社員や外の社会状況のせいにするのは間違いです。すべて自分たちが利に溺れていたからです。「失う恐れ」にとりつかれているのです。

逆に、会社が社会の人々が喜ぶことに目がいくようになると、お客の喜びの欲求に押されて何をしたらよいかが明確に見えてきます。世間にあまり矢を投げなくてすみ、少ない努力で世間から返ってくる好意や「問題の解答」が多くなり、次策の答えが見えてくるのです。

そうすると社員の笑顔が増え、下からの意見がよく通り、事故も少なくなり、皆が生き生きとして社風は明るくなるでしょう。そうなれば社長の雑務仕事が減ってくる。更にいいことは、いろいろな方面から好意の情報が入ってくるようになることです。そこまでくると、がんこに改善しようとしなかった、自社の悪しき点も素直に改善できるのです。不思議です。

ところがプライドが高く、自分が一番賢いと錯覚した方がトップに立つと、その自分が一番というプライドゆえに売り上げ減も政策の失敗も、自分の失敗と認めることができなくなります。すべて部下の失敗と、いつの間にか自分の不始末をすり替えてしまうのです。失敗の事業を改善できず失敗作の継続につぎ込むばかりで、大穴をあける古い「戦う経営」です。

自分中心の利益志向、権力志向の人がトップに立つと経費を自由に使っていいと錯覚して社を支配し始めます。会社をチームとして見るより、自分の思い通りに動かしたい権力志向が強くなっていくでしょう。

平成に入ってもこの法則にはまって傾いた大手の（大企業等）会社を数えると、両手両足の指が足りないほど挙げることができます。それらはすべて「汚れた意思」による社運の流れであり、繁栄の法則に従って社運も傾いていっているのがわかります。

社長は何も頭脳明晰《めいせき》でなくていいのです。それよりもひたむきに、動機の純粋性に基づいて高い志に向かっていく人がいいのです。

「欲でなしたことは必ず挫折します」。志が必要です。

社の業務に、世の役に立つ部分を持ちましょう。自分の欲の中に少しでも人々の役に立つという要素を入れなければなりません。自分たちばかりが儲かる商売は長続きしません。社長自らの給与、所得が突出していてはいけません。世間が何で「自分が一番」で、「欲ばかり」のあなたを更に富ませるためにお金を払うでしょうか。あり得ません。あなたが要らないものは、私たちも要らないのです。

この法則を身につけた時……もう何も恐れないでいい。

二、天はおとし前をつけてくる

人の見えないところで努力している人は、初めは報われないかもしれませんが、やがてその努力や仕事ぶり、誠実さが人に見つかり、神の手がさし伸ばされる。

また、お人好しでいつも人のために寄付したり、自分の手持ちもないのにお金を出してあげたりする人で、友人や家族から「単なるお人好し」とバカにされても、人に善意をあげている人は、ある日ドーンと数十倍の天のご褒美《ほうび》が降りてくる。

アメリカ・ニューヨークの「2ドルのサンタクロース」の話を知っていますか。また、最近日本では「バリ島の兄貴」といわれている丸尾孝俊氏にその典型的な例を見ることができます。

丸尾氏は中学しか出ていませんが、どんな仕事についても誰も見ていないところで早出しながら「仲間が仕事しやすい」ように工夫や準備を怠らずやり続けていたといいます。

バリ島に渡ってもほとんど持ち金を使い果たすまでバリの人々に尽くした。とうとう天の堪忍袋の緒が切れて、今まで人に尽くした分をドーンと穴埋めし、更に次々と人生の転回が広がるような人材とチャンスを丸尾氏にもたらす。

そこで丸尾氏が偉いのは、そのチャンスを自分のために使い果たすのではなく、さらにバリ島の人々や日本の若い人々に教え、頒《わか》ち与えて救っていることです。

その反対に、せちがらく生き人々から奪い取ると、同じように天は穴埋めをしてくれる。つまり、今まで人を苦しめ裏でせちがらく稼いだ袋はやがて重たくなって破られる。その例は「金の亡者」と非難されてすべてを失った多くの経営者たちに見ることができます。調べてみてください。たくさんおられます。

逆に私は、私の周りでなぜというくらいお人好しが天から不思議な善なる穴埋めをされているのを何度も見てきました。

お人好しでいい。善意で生きていれば、必ず天は穴埋めをしてくれます。純粋が一番。天はあなたがなしたことに必ずおとし前をつけてきます。

三、投げたものが返ってくる……すべてを人生の後半で受け取る

若い時はわからないかもしれませんが、四十代、五十代の人生後半になり、人生の前半でなしたことのお返しをたくさん受け取るようになると、つくづくわかってきます。良きことも悪しきことも人生の後半で受け取ることになります。「私たちはこの生で『人になしたこと』をすべて自分が受け取る」ように仕組まれています。今ある境遇も今の状況も人間関係も、人に対する好意や嫌悪も、人から受ける好意も悪意も、そして自分の今の健康も、すべて自分が他の人々になした同じものを受け取っていきます。

だからこのことを知って早い時期から人々に「良きことをするクセをつけよ」。きっと人生の後半で報われるのです。だから『お人好しになって、ひたすら良きことをなせ』。ひたすらの意味は「効果を求めず」です。善意で生きた者が、人

生の後半で大きな成果の果実を受け取るのは当たり前です。

怒りから発する言葉がなぜ悪いのか。グチと文句がなぜいけないのか……別にいけなくはないですが……後でそれがもとで必ずトラブルが生じるからです。なぜならグチと文句と不平、不満、怒り、この五つは「運の河のゴミ」だからです。天が好きなものは、好意と善意と感謝です。一流の人にならなくてもいいのですが、まず「怒りとグチと文句」の三つを克服しさえすれば、いつの間にか一流の人間になっているでしょう。

神は人間に面白い悪戯《いたずら》をしました。それはすべての人間は「口に一番近いのは自分の耳」である、ということです。自分が発している言葉を一番聞いているのが自分。目の前の部下をさんざん罵倒《ばとう》してスカっとすると思うかもしれませんが、相手に与えた同じ量の嫌味・ストレスが自分の耳を通してわが身に打撃を与える。ですから、自分の吐く毎日の嘆き・文句・罵倒に苦しむのは一番たくさんそれを聞く自分自身なのです。

理不尽なイライラと怒りが収まらない人は放っておきましょう。じわじわとボディブローのように人生の後半で「病」という形として効いてくるでしょう。

気がついた人は、良き言葉・勇気・励まし・やさしさをいつも部下にあげましょう。周りの人々に希望や生き甲斐をあげましょう。それを一番たくさん聞いているのが自分自身であるからです。「なんだコイツ」の「コイツ」は目の前の人ではなく、自分に向けている刃と同じなのです。

「人になしていることは自分になしていること」……耳のあり場所が証明しています。ですから、この世のエネルギーの方向は他者と自分の境目はなく、他者になすことは自分になしていることになる。「すべて自分から発した矢は二本に分かれ『相手』と『自分』の両方に飛んで行く」（仏陀の言葉より）のです。

昔、私は父や母に次のように言われていました。「お天道様が見ている」……本当にそうだなあと、今つくづくわかります。私たちは「人生の前半でなしたことを後半で受け取る」だけなのです。

「善意と好意は与えっぱなし」。このことを知って新しい経営者として「今、良きことをなせ」、良きことをする時、『効果を求めない』ことです。『与えっぱなし』特に『善意と好意は与えっぱなし』です。

あなたが「効果を狙わない心境になった時、ポツンと吐いた言葉が、あなたの部下（子供も）の心を貫く」ことを覚えていてください。効果と反応を求めない澄んだ心境の道を、一度でいい、歩んでみてください。

四、準備が整った時に、それはやってくる

いろいろな事故や事件も予期せぬ出来事も、いきなりやってくることはありません。

「あらゆることは、準備が整った時にやってくる」のです。

悪しきことも、心が汚れ、荒くなり、利に走り、人の心を無視するとトラブルという型でやってきます。

普通はそうなると弁護士を頼み裁判で時間とお金をかけますが、日頃から悪しき準備を整えず、「やましさのない」良き準備だけを整えると弁護士費用も必要ありません。良きことが、たくさんの笑顔を伴ってやってくるからです。

だいたい三つの準備が整うと大きなトラブルになります。居眠りし、対向車線にはみ出し、対向車が来た時に大きな事故になるように、社員の給料を抑え、残

業させ、自分だけ多額の収入を確保する時、臭いは漏《も》れて人は働かなくなります。自滅の道といえましょう。

善悪両方の未来も準備が整った時にやってきます。まず、良き未来をイメージし、それがやってくるように今を整え準備すると、だいたいの思いに近い、良き未来を迎えられます。

まず社内という場を綺麗にし清め、社員に働き甲斐と正しい給与をあげ、顧客の喜びに応じて、サービスや製品作りをごまかさずにやるならば、あなたの想う良き未来が訪れるでしょう。

「未来を整える」、その未来を招くために今を準備するのです。

五、善意と好意は与えっぱなし……

純粋性を身につける

サービスにあたっては、「善意と好意は与えっぱなし」。

いつも効果あることばかりを追い求める人は、さまざまな行事（催事）をあれこれやっても行うことが長続きしない。なぜなら効果がないとすぐに止めてしまうからです。

幼い頃より、人に何かをあげるのも、貰うのも効果あるものばかりを狙う人は、どうしても「せこい人」になってしまう。人々はその「せこさ」をすぐに見抜くでしょう。

効果のあることばかりを追い求めていると、大事な「効果があろうとなかろうと、やらなければならないこと（会津の習慣・ならぬことはならぬ）」に手をつけられず、また手をつけても効果が表れないと、すぐにスイッチを切ってしまう。「待つことができない人」になってしまうのです。

待つことができない人は大成しない。「ドーン」と構え周りの人々、顧客、取引先には効果を狙わず計らず「与えっぱなし」でよいのです。すると必ず、大きくドーンと返ってくる。大成するとは、そういうことができる人だけに訪れる事なのです。

「神（法則）は決して裏切らない。人間が、自分の欲に従ってころころと心変わりするだけ」です。

深い呼吸と善意は成長のためには身につけるべき大事なスキルです。サービスするとは、人々をとりこにする、味方にするまで善意を持ち続けること、です。

① 善意と好意は与えっぱなし
② 善意の基本は効果を期待しない

③「待つこと」（育てる）も人生の大事な柱
④深い呼吸を身につける

六、ドンべの理論……やり切ること

秋の小学校の運動会の出来事でした。熊本の田舎の小さな小学校の運動会はつい最近まで村の一大行事。まだ朝早くから席取り行事がさかんで、大勢の村人が運動場をわんさと囲んでわが子の応援に熱を入れて大騒ぎです。

そんな中、五年生の男の子の徒競走がありました。一人の男の子がダントツぶっちぎりの速さで一番でテープを切りました。会場は盛り上がり、「ワー格好いい」と大拍手が起きました。

その後は小三の女の子が五～六人ずつ一組で走りました。二つ目くらいのグループがスタートした時、一人の女の子がよたよたと走り、カーブで転んでしまいました。膝《ひざ》をすりむいたようで、やっと立ち上がった時、手と膝から血が出ていました。運動会の会場は応援の歓声がやみ「シーン」としてしまいました。

同じグループの子供たちはもうほとんどゴール近くまで走っています。「どうするんだろう。走るか、やめるか……」と皆が固唾《かたず》をのんで見守っているのが感じられました。女の子は立ち上がり、血のにじむすりむいた足をひきずりながら、そして泣きながらよたよた走り続けたのです。途中、「がんばれ、よしこ！」と声がかかりました。

その子が足をひきずりゴール近くまで走ると会場は再び固唾をのんでシーンとしてしまいました。一瞬、時が止まったあと、その子がゴールに倒れこんだ時、会場は拍手とどよめきと感激に大揺れになりました。お母さんたちは感激して涙をふいている人もいました。私は未だにこの二つのシーンが忘れられません。

私は思います。人生もこれでいいんだ。もちろん一番で格好良く走るのもいいでしょう。でも神が望んでいるのは足が遅くても、ドンべでもいい……生きるのが下手でも誠実に「走りきる」ことなのだと思いました。人々は一番で格好良く走ったシーンよりも、転び泣きながら人生を恥ずかしく思いながらでも、走り切った足の遅い子に大拍手と大応援をしたのです。

この子は観る者に勇気と力をくれました。「ドンベでもいい、誠実に走り切ること（やり切ること）なのだ」という神の言葉を皆にもたらしたのです。生きることは下手でもいい、傷つくこともある、でも目ざすものがあれば、失敗しても再び立ち上がればいい……やり続ければ世間は必ず応援します。

迷った時「最も困難な道を行け」という言葉があります。それが一番の勉強になり、学びに近づく近道であるのは確かです。私たちは近道にあるいろいろな欲に負けて失敗します。しかし、その失敗で学んでいけばすべて「マルイチ」。

この世に「バツイチ」はないのです。やり直せばすべてマルイチ、少し時間をかけて学びを入れて、欲で穴の開いた心の滑走路を埋めつつ、また飛び立ってください。バツイチはない、「やり直せばすべてマルイチ」。神の応援が必ずあります。

瞑想場・百年の古家の秋

七、恩を刻んで生きてゆく……自分からは裏切らない

恩を刻んで生きてゆく生き方はとても大切で、苦労した人、または創業一代で会社の名を高めた人に多い。会社を長く成長させるには、いろいろな山と谷を刻んで経営しなければなりませんが、恩を忘れる人に「名経営者」はいない。古い考え方と取る人もいるかもしれませんが、志のある人には、いつの時代も時代を超えてそれぞれの谷間、または下り坂において必ず、「助けを出してくれる人」が待っているのです。その人たちのありがたさを人生の中心軸の一つに恩として刻んで生きて、どこかで「返謝」することを心に念じていくことが大切です。必ず返すのです。返謝して、感謝は完成するのです。

経営で大成したければ、どんなことがあっても「自分から裏切る」ことはしてはいけません。相手が裏切っても平気です。罪は裏切られた人よりも、裏切った

人の方が大きいからです。呼吸の浅い人は利に走り自分から裏切る人、になり易い。裏切った人は忘れたつもりでも、いつまでもチクチクとその事件が心を刺してくることでしょう。

裏切られた方は罪が軽いのですから、赦《ゆる》してさらに水に流して心を清く、「やましさ」をなくしさっぱりすることです。経営者は「恩を刻む人」になってください。大事な人のお中元、お歳暮、また命日の香典は欠かしてはいけません。

八、それは神事かイベントか……迷ったらやめなさい

神事《かみごと》とイベントの違いをはっきり認識しましょう。

神事とは、広く地域を潤し多くの人々にまんべんなく幸せ感をもたらすもの（公益）です。そこには人々の体と心を救う願いや祈りがあって行事がなされるもの……だから百年単位、千年単位で続き、受け継がれていきます。

イベントは、地域おこしや一時的な見栄《みば》えの良い、人々を集めるための行事……飽きられてくると、驚かすような奇抜なサービスに向かっていきます。それもやがて飽きられてきます。イベントには利益が絡んできて、利益を生まなくなった時、終息していきます。

神事は「共通の幸せ」（公益）……を基本にした「祭り」事が含まれています。門前市《いち》の始まりと似ています。市が先ではなく、神社仏閣（祈り）が先にあって、

市が栄えるのです。「祈り」のなくなった門前市は終息していきます。

つまり、あなたの会社が利益を中心とした「イベント系の企業」なのか、それとも企業として活動内容が少しでも人々に貢献し、人々の役に立つことを取り入れている「神事系の企業」なのかで永続するかしないかが分かれてきます。

イベント系で利だけを追っていたら必ず「迷う」ことに遭遇します。利益があるかないか、うまくいくかいかないか……とにかく「迷ったらやめなさい」と私は言います。今、利益があろうとなかろうと、会社の将来にあって発展につながることであれば……また、社会に役に立つことであると見極めがつくならば、肚をくくる。

「迷う」ならば、「やめなさい」。迷いが取れ、やり抜く決心がついたならばやりなさい。肚をくくったならば不思議と道は開けてくるからです。

＊　＊　＊　＊

繁栄の法則（ことわざ）は、まだまだたくさんあります。
まず、これらのことをマスターしましょう。

自宅近くの森の秋の夕焼けはいつも美しい

Ⅳ　社長の器を大きくすることを目ざそう

一、人として立ち、自分を利益の中心に置かない
二、スピリチュアルに生きる
三、友には尽くしなさい
四、ケチは身を滅ぼす……十%多く人にあげる
五、部下への言葉には必ず「勇気」を入れる……難しい言葉を使わない
六、トップは不安を口にしない
七、赦すことを覚える……さらに心が軽くなるために
八、どうしようもない時……思案にあまる問題が生じた時
九、社長の驕りと結果

一、人として立ち、自分を利益の中心に置かない

経営者は人として立ち、その観点から経営を進めると、会社は繁栄し、またやましくない生き方ができることで社員も経営者も心は安定していきます。特にトップは自分を利益の中心に置かないという心、目ざめを起こさねばなりません。顧客の喜び、顧客の幸せ、地域にそれがつながることがすべてと気づくことです。

対立とトラブルの多い経営者は、自分が人々に目立つことと、自分の利益を優先することが、生き方の中心になっています。もしトラブルが少なく、心と業績共に安定した経営を望むならば周りの人の利益（幸せ）を優先する人に……つまり「前から手を合わせられる人でなく、後ろから拝まれる人になる」ことです。

（西郷隆盛の言葉）

「自分だけが快適な会社から、みんなが共に快適な会社」へ、歩を進めて……さらに一歩進めて「共楽の社会・経営活動」を通して日本人の心を安らかにし、日本という湧水《ゆうすい》に満ちた自然の多いこの国を、平和と争いの少ない国にするために会社を設立すべきでしょう。この考え方を新しい時代の流れとして日本中に広めて、自分の利よりも社会貢献を第一とする最新の企業を増やしていきたいものです。

何度も言いますが、企業経営に刀を持ち込まない、戦わない、争わない、相手を陥れないという理念を立てるならば、「終わりなき繁栄」の道を歩み始めるでしょう。「人々の幸せがあってはじめて、経済が成り立つ」からです。人の幸せのない経済活動は虚しいものです。

お金は一部の特権階級に集まりやすいという性質を持っていますから、一部の大企業の経営者のように、社員の平均給与の百倍もとるような「テイカー」になってはいけません。年億単位の収入は、意味がありません。一生かけてもそんなに使いきれないのは自明の理です。経営者は、社員の平均の五倍くらいでちょうどよいのです。一番心安らぐ安定した収入と言えるでしょう。

トップは、すべての売り上げ、利益は経営者一人の成果ではないことをいつも思い起こして手を合わせる姿勢が大事です。皆の協力とアイデアと奉仕によるものであることを心に刻みたいものです。利益と権力の中心に座さないとすまない経営者は、やがてそのおごりによって対立と争いと、「多くを持った者特有の不安」に悩まされ、苦と病の森に入ってしまいます。

私は今の経済社会の濁りの池に、清水を注ぎたく思っています。経営を通して人々を幸せに、平和にしていく経営者を多く育てていきたく思っています。これが今の経済社会の崩壊を救う新しい考え方だと思います。

別の言い方をするならば「経営を通して人に幸せ、安らぎをもたらすこと、これを貫く経営者を育てていく」……青っぽい言い方をすれば「青空に向かって歩む人」「いつも人生に爽やかな満開の桜を見る人」「やましさの少ない」経営者が増えれば、日本は世界一平和な国になれるでしょう。

人は与えられたら、同じものをたくさん返そうとします。いや多分悲しみと喜びも多い分、「加算されて返そう」とするでしょう。経済面から見て人には四種類の人がいると感じます。

A、繁栄と幸せ感を惜しみなくもたらす人（最徳の人）
B、繁栄し、利益を独り占めにする人（覇権志向の、人に苦をもたらす人）
C、繁栄する人についていく人（正邪損得は自分の都合にある人、常に貰いたがる人）
D、生き甲斐を失ってただ流れの人（批判だけに生きる）
肚を決めてAの部に入りましょう。

【例】埼玉県の金井宏道さん（有）広和社長）

金井さんは、今どなたが金井さんと会っても「穏やかで落ち着きと微笑みある方ですね」と言われます。金井さんは初め、フランチャイズのチェーン店を立ち上げ、当初はひたすら業績を上げるためにがむしゃらに働いてきました。そしてこう言われます。

「当時はスタッフを厳しく指導していた。軌道に乗り、お店が増えていき同時に借金と不安も増えていった。事業拡大に集中すればするほど、スタッフの気持ちなど考えずにただ『使っていた』スタッフがすぐに辞めていくその理由が全くわからなかったのです。人も育っていなかった。

私は利益が上がっているのに、なぜか生きるのが苦しく逆に体重は八十四kgまで増えていきました。そこで偶然、この講座を受け衝撃を受けました。それから生き方を一新、利己主義から利他主義へと目からウロコが落ちるように変わっていきました。

いろいろなことの意味がわかるようになってきました。感謝を取り入れるといつの間にか怒りやすい性格が変わって、穏やかになっていた。断食、呼吸法、少しスピリチュアルに生きることを実行、自分が変わることで見える風景まで変わってきたのです。

今までは、相手を無理やり変えようと理論武装までして戦っていた。今、良き対人関係に恵まれ、人との関係が優しさと思いやりを中心とした土台に基づき、会社を経営、会社のトラブルは激減、業績も確実に上向き始めている。変わったのは自分、そして変わったのはもう元に戻ることなき生き方です。私にとって最大のご褒美は、安らぎと不安なき生き方をいただいたことです。ゆるぎない心での経営が大切と実感しています」

二、スピリチュアルに生きる

「スピリチュアルに生きる」とは、何も宗教的に生きろというわけではありません。

今、アメリカの最先端の企業（例・グーグルやモルガン・スタンレー銀行等）では、瞑想《めいそう》や断食を日常業務の時間に組み入れているところも増えています。なぜなら、これら最先端の企業は時代の急速な変化による過重なストレス業務から、ウツや精神的に悩む人が続出し始めたからです。これに対して昔、経済活動に邪魔と思われていた瞑想や断食やヨーガが効果的であると新しいアメリカの若い経営者が気づき始めたからです。少しの時間の瞑想で仕事に解放感と仕事能率の高まりがみられるのです。

また対人関係のストレスも軽減しトラブルが少なくなる等、今の企業が抱える問題の大部分が解消されるようになったのです。これは東大のような権威ある大学の医学部でも取り入れられています。

今までこういった宗教的と思われるものは経済活動に支障をきたすと思われてきましたが、アメリカのような先端の国で、あまりドライに生きるのではなく、少しスピリチュアルに生活することによって会社生活がスムーズにいくことが実証され、そのため、会社制度が見直されてきたのです。そうすることで、物や快楽で身辺を埋めることよりも、安らぎ・平和感・良好な対人関係に軸を移して企業生活をする方が、企業にとっても社員にとっても有益であるとわかってきたのです。そこでは、穏やかさ・清々しさ・知足感（足るを知る）に先進社会が方向転換してきたと言えます。これから、日本でも最先端の企業で、瞑想や断食をとり入れる会社が増えるでしょう（あなたの会社でも、まずは十五分の瞑想から始めてみませんか）。

今の日本の大部分の経営者が悩む世界……権威と見栄、その維持のため数字と利益の追求に走り無理を続けてしまう。その結果、社内トラブルと敵が多くなってしまうのです。そこで、どうしても部下を叱咤して数字を追わせ、本人は怒りと不満の社長業という神のワナにはまっていくのです。その時に、人々に幸せと生き甲斐をもたらさず、自分勝手でたくさんの人々を傷つけてきたトラブル多き人生に後悔するでしょう。

アップルのスティーブ・ジョブズも死の床で財産よりも、もっと別な幸せに一生の時間を費やしてもよかったのではないかと言っています。

スピリチュアルに生きることの、もう一つの利点は感謝と祈りを取り入れることによって『欲の歯止めが利く』ことです。欲で押し殺していた「心の奥の良心」の声が響いてくるようになるからです。人から奪うことよりも、与えることの多い人生を歩めるようになります。

もう一つの利点は、対人関係が穏やかで順調になっていくことです。すると当然人脈が広がっていきます。今まで敵だった人々を受け入れられるようになるからです。

経営者として、スピリチュアルに生きることはとても深いメリットがあります。

阿蘇の草原、家のない風景、朝日の階段

三、友には尽くしなさい

失敗する経営者には一匹狼が多いようです。自己中心的で権威的、かつ戦い好きで、孤立してしまう。人づき合いは上手でなくていいのですが、三人ほどの友や師は必要です。

友を大事にして「ありがたい」の中で生きていると、困った時に必ず恩人が現れる。「受けた恩は石に刻み、かけた情は水に流せ」と信州上田のお寺の大きな岩に刻んである通り、受けた恩は必ずどこかで返していかねばなりません。三人の友・師には心を開いて、一生のつき合いをすることで大きな失敗が少なくなります。そのつき合いで大事なことは、何があっても「自分からは人を裏切らない」ことを貫くことです。

また、そば屋、すし屋、ケーキ屋、居酒屋等、手に職を持つ職種の場合、「できる人間」ほど独立し、近くに店を構えてしまうことがあります。それは当たり前と受け取ることが大切。たとえ近くで店を構えてもつき合いを切らないように心を大きくすると、共に栄えるでしょう。

「友には尽くしなさい」。年末・中元・出産等には必ず十％多く祝儀をあげるのを常識とするのです。お見舞いは物を贈るだけでなく、一度でいいから顔を見せる。その律儀さがあなたを救う日が必ず来るからです。

四、ケチは身を滅ぼす……十％多く人にあげる

社長や部長、上級職に就きたく願うならば、おつき合いやいろんな奉仕ごとでケチってはいけません。貧しい若い時の習慣（貧困意識）のままいつも「少しケチる」ことを選んでいると、その方向に人生が傾いていき、貧しさから脱出できなくなります。そうなると日常の振る舞いも貧になって運が逃げてしまうのです。

将来ずーっと余裕あるリッチな経営者を目ざすならば、自分が富む者の資格があることを自覚して、「ケチらず、ごまかさず生きる」を身につけねばなりません。これを「富者意識」と言います。

節約を実行しながら「リッチに生きる精神」を身につけて下さい。

自分は運に恵まれているし、運を味方につけていると感謝を毎日唱和して、お祝いや弔いには十％多くあげる習慣をつける。松下幸之助氏も全く同じこと、

「自分は運に恵まれていた」と言っています。

ただ見栄を張ることと「リッチ」は違います。自分を高めるセミナーや音楽会や、おつき合いや読本にお金を使いましょう。ためになる会合や、気持ちが清々しくなる催しやコンサート、芸術文化に身を置くようにしていくと不思議と運が良くなり生活が向上していきます。時にはキチンとした服装をしましょう。時にはグリーン車を利用しましょう。いいものはいいと心から知っておくのです。身も心も富んだものになるチャンスが増えるからです。ただし驕《おご》ったり、威張ったり、人を見下してはいけません。それは「貧困意識」に属する行為だからです。

いつもケチを選ぶと「心の力」が、あなたが「貧であることを望んでいる」として金銭的にも、精神的にも貧者へのチャンスを増やしていきます。例えば、貧困意識にある時、投資等するならば儲けたい一心がゆえに微妙にズレていき、どんどん資金が減っていくことを体験するでしょう。富者意識にある時、微妙にタイミングが当たり始め、知らず知らずのうちに富者への道を歩むことになるのです。「節約」と「もの惜しみ」は違います。このことをしっかり識別しておきましょう。

福岡県大川市で建設コンサルタントをしている龍さんがいつも感心している有名なおすし屋さんが佐賀にあります。その店ではカウンターでお喋りばかりしていると「喋ってばかりいないで食べてくれ」と叱られたり「酒ばかり呑んで寿司を食べないならば帰ってくれ」と言われるらしいのです。

少し怖いお店ですが新鮮な自信のあるネタで、一生懸命喜んでもらいたく美味しいものを握って出しているのだから「お喋りして手をつけないなら喫茶店でやってくれ」と怒鳴られる。初めての客は驚いて逃げてしまう。

そんな店主の田中さんですが、個人的なつき合いでは決してケチらない。龍さんの経験では、何かあればすべておごってくれる。田中さんがいっさい受け持つ。お酒が入った時は、タクシー代まで必ず面倒を見る。一度も約束を破ったことがない。とにかく驚くほどケチらない生き方を貫いている。

とても清々しいその方がある時入院され、退院した時、お客さんからのご祝儀があり余るほどあったそうです。みんなお祝いに二〜三万円は置いていく。だからそんな一見不遜な店主でも上客が自然に集まり、トラブルがほとんどないと龍さんが驚いています。

「見ていてとても爽やか。生き方に男気を感じる」。

男気があって爽やかな人にケチはいないようです。どうしてそれができるのでしょう。（それはある秘密があります）

金目の物や派手な物で身を飾るのは、ただの浪費です。品のない生き方となります。そういう人を平安の昔から「銅臭《どうしゅう》の人」と呼んでいます。昔の人も施すことを知らずお金だけを求める人は、一時的な富者であることを知っていたのです。やがてその人は消えていく。

平凡な私たちでも、「ありがとうを言われる世界」に生きること。「ありがとうと言われる生き方が一番」。お金を自分のためだけでなく人のために使って、スピリチュアルに生き、惜しまない人生がリッチなのです。スピリチュアルに生きてリッチ感を得ると「自由感」を手にすることができます。このスピリチュアルな自由感を味わって下さい。素晴らしい感覚です。

心が貧しい時、私たちは収入をすぐに物に変えて身辺を物で埋めて安心を得ようとします。リッチな経営者は収入を、精神を高めたり時間をゆっくり過ごすために使います。この一度きりの人生は何をやったかではなく、どう人々に「喜びをもたらし」「楽しんだか」です。いつも数字に追われ慌ただしく時を過ごしていませんか。逆に「常時のぜいたく」は品がなく見せかけで終わります。身体も心も驕《おご》りに入って周りを見下し、体は肥満に入っていきます。

富者は富を驕らず時間は守り、日頃は質素でやたらとお金を増やそうと騒いだり、無駄な投資はしていません。節約して生きている間はお金が絶えることなく入り、自分の周りでお金が静かに回り始めることを体験してください。一般社員との収入に比較して自分の収入を高めすぎるのもよくありません。それも反対側の「貧」と言えます。そこには不安がつきまとうからです。「減ることへの恐れ」です。

「清富」であれ！　「清栄」であれ！　少しだけ余裕ある生き方を身につけましょう。その清栄に基づいた「リッチ感」を持つと「凛《りん》」としてきます。内から輝いてきます。そして日頃から自分を律する努力が実を結んでくるのを実感できる日がきます。そして戦いのない『共存共楽の世界』へ歩み入りましょう。

もう一人紹介しましょう。それは「さかなクン」です。彼は人のために身銭を切る。その切り方が素晴らしいそうです。けっしてケチらない。自分の周りの人みんなに、どんどん物やお祝いをあげ「そんなに使って大丈夫？」と思うほど、誰彼なく施す。しかし、不思議なことに人にあげた分、テレビの出演オファーもどんどん入ってくる。サックスの腕前もプロ並み、魚の知識は魚類学者で名誉博士、不思議な輝きを持っている……とプロダクションオーナー㈱アナン・インターナショナル）の伊藤はやと氏は感嘆しきりです。

五、部下への言葉には必ず「勇気」を入れる……

難しい言葉を使わない

あなたが社員を凄いと思い、部下を認め、勇気と希望を与えるならば、その人は伸び成長し、その人のおかげで会社もまた伸びていくでしょう。

あなたが社員をけなし、叱りつけてばかりで、もし「能なし」や「バカヤロー」に近い言葉を口にするようならば、社員はみなバカになり、怠け者になり、能なしになっていきます。それはあなたが社員をその方向に導いているからです。部下の欠点ばかり責めるのは、社の下降があなたの望みであるわけです。良き期待、それが社員の希望となるからです。

ところが大学等の部活や運動クラブで訓練するところでは、先輩から習った通りの人を落としめる言葉で下の人々をしごいている例を多く見ます。運動部では特にそうです。日本柔道も相撲も昔、例外ではありませんでした。厳しい、苦しい訓練中に自分にしみ込んだマイナスの訓練の習慣が、疑問もなく次の世代の人々に向けられて、才能ある人の芽をつんでいくことがよく見られます。マイナスの順送りです。受けた虐待は、大きな事件になるまで受け継がれていきます。

私たちは弱い、人は一度しみ込んだ習慣や思考をなかなか変えられません。私は人が、自分の醜い過去からどうしたら脱却できるか、救ってあげられるかをいつも考えてきました。今、勉強会では一番会いたくない過去の自分と向かい合って解決していく訓練をしています。どうか部下の方には希望と方向性をもった言葉をかけてください。

また、子供は叱ったことや注意したことはなかなか守りません。しかし、親が日常することはマネします。子供を社員に置き換えてみましょう。社員も同じです。口で言ったことはなかなか実行しません。でもあなたがすることをマネします。ですから、あなたが「良き手本」になるように日常の生活態度を整えましょう。

私は栃木の国分寺産業の田村友輝《ともき》社長の生き方が大好きです。田村さんの人生を少し見てみましょう。

田村さんは、若い時荒らくれた人生を送りました。まあ、殺人以外は全部やったかもしれないと本人が言うほど……ハグレ者の生き方をしてしまったようです。

子供が道に迷うのは親、特に父親が人生を見失い酒とお金に狂い、母親を苦しめることに因るのがほとんどです。田村さんも、そんな嵐の真っただ中で怒りと不満、不公平の核に狂わされて少年時代を過ごしてきました。勉強はせず、本も読まず、母親にどんなに心配をかけたか……でも幸いに母親がシャンと前を向いて生きておられたおかげで田村さんの根はまっすぐで、芯はしっかりしていました。外側の世界だけが荒れていたのです。

兄に助けられ、母から癒やされ、二十代に立ち直り清掃業を始めました。その時、同じように途中退学した若者、本が大嫌いな者、人づき合いが苦手な学歴を失った者達を国分寺産業が拾い上げ、働き場をつくったのです。

そこで集まった若者に彼は、次のように問いかけました。

「俺たちは漢字や英語が苦手、本もダメ、勉強は全くやってこなかった……社会の嫌われ者だ。何ができるかな」

「社長、俺たちは大きな声なら出せますよ。運動系だから……」

「よし、それでいこう。それしかない」

それで清掃車に乗って、運転席から呼びかけ始めたのです。

「おはようございます！」

「元気ですか。頑張りましょう！」って町中を走り巡りながら……

町の人々に、頭上から片っぱしに怒鳴っていたのです……。

どうだったでしょう?……。

「うるさい！　いきなり頭の上から怒鳴るな」

「後ろから大声出すな。びっくりするじゃないか！」

町役場からも、

「田村さん、苦情がきてるよ。大声で声をかけるのはやめてください」

……………

「でも、これしかないもんな。皆に元気やる方法は……」

めげずに一年あまり続けた頃、

「弁当持っていきな」

「これ食べて……」

と果物をくれたり、役場からも「皆さんが、最近は元気もらったと言っている」等と言われ始めたのです。

彼らの、人々に元気をあげたいという純粋性が、人々の心を打ち始めていました。いつも清掃車（ゴミ収集車）を見たらゴミ袋を持って走ってくるお婆さんがいました。ある日のことです。

「婆ちゃんなぁ〜俺たちも忙しいから、俺たちを見かけて袋を持って走るんじゃなく、日が決まっているから前もって箱に入れておいてくれよ」

「はいはい……わかったわかった。次からはそうするよ……」

と言っても一向にやめない。収集車を待っているかのように走ってくる。

「婆ちゃん……やめてくれと言っただろう。毎回、俺たちじっと待つ時間が惜しいんだよ！」

「……う〜実は……」

その方は十年前に連れを失い毎日一人。話す人がなくて……独り……。

「私はただテレビしか話す人がいない……あんたたちが週に一回、声をかけて相手してくれる。それが唯一の楽しみなんだよ。人と話す機会が全くないんだよ……。だから車を見て追いかけて呼び止める時しか、あんたたちは停まってくれない。前もって置いていたら、あんたたちはゴミだけ持ってさっさと行ってしまう……だから私は一生懸命ゴミ袋持って走ってるんだよ……ごめん」

＊　＊　＊

それを聞いた田村さんたちは、涙が止まらなかったそうです。

「……申し訳ない。そこまで孤独の人がいるなんて思いもしなかった。自分たちは町を元気にしようと誓い合ったのに、自分たちの少しの都合で見捨てようとしていた。婆ちゃんごめん！」と謝って、それからは自分たちからいろんな独り暮らしの年寄りに声をかけることにしたのです。「何か困ったことはないか……」と。

私は彼のところでセミナーをさせてもらった時、若い社員（十五～十六人）に尋ねてみました。

「ちゃんと休みをとっている？　自分の時間は持てているのか」

「いや～、こいつは休んでいないのです」

「どうして？」

「いや、休んでいると一人じゃ寂しくて、みんなとワイワイ仕事をしている方が楽しく、町の人からありがとうと言われるのが嬉しくて、休んでいるとじっとしておれないんです。だからドンドン手伝って助け合う」と笑っていました。

みんな、はじけるような笑顔で……くすんでいるこちらが恥ずかしく、元気をもらったのです。おそらく一流大学、高学歴の層から落ちこぼれた人たちを田村さんは救い、生き生きとさせてくれています。荒れる人生から彼らを救っていますが、自分も救われている。今は町をもっと明るくしようと居酒屋を始め、そうした若者たちに働き場と元気をあげています。

田村さんの面白い話はまだまだたくさんあって、この本の紙面を埋め尽くすほどあります。私は彼の生き方が大好きで、素晴らしいと思っている一人です。田村さんを見ていると私のように本ばかり読んで、口ばかりで人を説き、体験もないのにいいことばかりしてきたように見せている自分がとても恥ずかしいのです。

人に好かれる、「じゃま根」の話

話はそれますが、私の自慢の落ちこぼれの生徒の一人に「じゃま根」君（山根浩揮）がいます。出来が悪いのが自慢なのです。

四十代前半（二〇一六年現在）、まったく能天気者、というか落ち込む穴が十五センチと浅い。すぐに立ち直る。それでいて素直で女性にもてる。私から見たらどうしようもない輩《やから》の一人ですけれど商い上手。広島の尾道でいつの間にか十店舗の居酒屋を経営し、どの店も流行《はや》っている。店内の品物のセンスはいいらしい（宣伝はしたくないのですがレモンかけプリンは抜群に美味しい）。

でも社長本人の服装は破れズボンで、私からすると四十近くになっても何かボロをまとって胡散《うさん》くさい感じ。遊びすぎて奥さんに叱られ、家に入れてもらえなくて、家の周りを何周もウロウロし、窓にすがって朝まで「入れて！　入れて！」と騒ぐ未熟者。

ところが、何かみんなが彼を支えて助けている。

一緒に町のアーケード商店街を歩くと、あちこちから「おはよう」「社長、寄っていかない」とか「先日はありがとう」とかいろんなお店の店主たちが声をかけてくる。私は一緒に歩いていて、「うん？　何者この人、そんなに人格者に見えんし……ただのノッポじゃないな」とつい彼を見上げて、なんでそんなに人気があるのかと驚いてしまう。

最近は、じゃま根の兄貴分である京都の実業家・出路雅明《でみちまさあき》氏（京都）の真似をして近くの田んぼを借りて「自社米」を作り始めたり、その他いろいろ社会貢献をして格好つけている……少しずつこの人生における宿題に目ざめつつあるようだ……と見直し始めたところです。自社米も続けばいいんだが……？

「じゃま根」君を「兄さん、兄さん」と慕っている田村友輝さんが私に言いました。

「先生、私はじゃま根さんってスゴイ！　と思います」

「えーアイツの何が、どうすごいの？」

わざと驚いて聞くと、

「先日、じゃま根さんの社員懇親会に出たのです。そこで部下の人たちが社員懇親会の酔った席で『社員の中で俺が一番社長を好いとる』『いや、社長を一番好いとるのはワシじゃ』とか広島弁でケンカのように競い合っているんですよ。私も居酒屋㈲国分寺産業）を経営していますが、うちのスタッフが私のことを一番尊敬していると言って争ってくれるかな？　と自分が小さく見えました」

じゃま根は頭は悪いし、勉強も嫌いだけれど尊敬されている。しかしいい女房をもらっているし、部下から好かれているし、「衰えゆく地方の街を救う人間になりたい」と変に志は高い。たくさんの人から「アニさん」と呼ばれる凡人、じゃま根君。

いや、めでたい邪魔根、存在自体が縁起物《えんぎもの》。二〇一四年にはどういう経緯かNPO法人「居酒屋甲子園」の理事長も務めた。驚き……。字は下手だけど、挨拶も文章も上手《うま》い。

山根君を見て思います。この世はいろんな人がいて、こんな人と人との出会いが一番楽しい。

六、トップは不安を口にしない

無敵の経営でトップがしてはならないことの一つ、それは部下の前で不安を口にすることです。経営者は不安と孤独が当たり前……それを防ぐためには良き友人を持つことです。トップは部下の前で、決して不安を口にしてはいけません。

トップが不安を口にすると、その不安はいつしか下の者に伝染していきます。そうすると社内の意欲が急速にダウンしていくでしょう。トップは耐えねばなりません。ついつい否定的に生きるトップは、不安とグチを口にして、失敗の方に部下を導くことをやっています。

よく似てはいますが、同じ成功を目ざす方法として、①失敗しないように努力して成功に導くというやり方と、②成功する喜びを先にイメージして成功に導くという方法の二通りあるのですが、そこには大きな違いがあります。

例えばゴルフをする時でも、失敗しないように、失敗しないように球を打つのは自信を失った時のやり方です。球がうまく飛んでいってきれいに入る成功した場面をいつも思い浮かべて打っていくというのがアメリカ流J・ニクラス方式です。ところが一般的な日本人プレイヤーの「心の癖《くせ》」は、緊張するとつい失敗しないように、失敗しないようにイメージしてプレーします。そこに何が生まれるかといったら、不安から生まれる緊張が体のわずかな筋を縛るのでズレてしまうのです。

同じように会社のトップが「今度のプロジェクトはとても重大な事業だから失敗したらいかんぞ。失敗しないようにやれよ」と言ったとしたら、そこには大きな緊張と、「失敗しない」という「うまくいかない」イメージを部下に強く与えます。すると、部下の方は成功するよりも失敗を恐れながらやってしまいます。そして上司の不安の導き通り失敗する。

ですからトップが「未来の不安」を容易に部下の前で口にしてはいけません。不安を口にするということは、社長が恐れと失敗を心の奥でイメージしているからです。それが伝わり、それが失敗を望んでいることになりやすい。「失敗するな！」は「失敗してほしい」と同じことになります。

「今回もうまくいくだろう。乾杯が待っているぞ」という良き目標は成功を望んでいることなのです。心は同調し、広がって共振《きょうしん》していきます。

部下は上司の言葉とそのイメージに導かれる。部下は上司の言葉に沿った人間になっていきます。これは家族も同じです。家でも恐れと不安を口ぐせにしてはいけません。家が荒れてきます。

トップは次の三つを守らねばなりません。

①不安を口にしない
②やたらに責めない
③とにかく楽しむ

チャンスがあればほめる。部下を認めること。感謝と尊敬を社員に捧げる人になってください。「たいしたもんだね」「よく頑張っているね」「やっぱり努力の仕方がちがうな」と何度も臆せず声をかけ続ける自分であってください。

やがてこの言葉のシャワーを浴びた社員には尊敬が生まれ、その言葉に沿った生き方をするようになっていくでしょう。

「怒りが止まらなかった部長」

ある大手企業で、私の三回目のセミナーのあと事業部長が傍《かたわ》らに来て、「あなたから部下への怒りは大きな罪である」と教えられて、最近やたらに怒りすぎていることに気づきました。私は何かイライラしていたのです。それから社内でむやみに怒らないように気をつけていたのですが、何か胸に収まらない。

そこで休みの日の犬の散歩の時「そうだ、犬に文句を言うのなら罪にならないだろう」と思いつき、わが家の犬に「何しているんだ、バカたれ」みたいな感じで文句と怒りをぶつけていたのです。

ところがなんと一カ月ほどで犬のアタマが本当にハゲてきたのです。犬も何かオドオドビクビクしてきました。

それを見て私は深く傷つきました。「今までなんとたくさんの部下を傷つけてきたことか……言葉のわからない犬でさえこんなになるのに、人様を深く考えず怒って、ストレスを発散してきたのではないか。それが逆に私のイライラの元となっていたかもしれない……私の心にある不安が原因だったのではないか」と。

私は、私の元を去っていった部下たちに両手をついて謝りたい気持ちになりました。それからは自分の過ちに気づき穏やかに過ごそうと心がけてきたのです。するとと部下が安定し、とても和やかになってきたのです。「ありがとうございました」と言われました。

部の調和がとれてくるのに従い成績は上昇していったことは言うまでもありません。上司の目ざめは社の業績に大きな影響をもたらします。

台風の後の青空

七、赦すことを覚える……さらに心が軽くなるために

傷つけられたり、裏切られたり、損害を与えられると許せず、ずっとそのことを心で追いかけてしまう心の癖がある時、赦《ゆる》せない思いは強いのは当然でありますが、それをあまり長期に根深く追い求めていると、争いが絶えず起き長期にわたってその状況にかかわり合うことになるでしょう。投げたものはいつまでも返ってくるからです。

その負のエネルギーと精神的ストレスは、事業を傾け、また体を壊したりすることが多いのです。お金に限って言えば、許すことを覚えていくことです。許せない世界は今、アラブやイスラム国や世界中で見られるように混乱と不安を招いていて、会社であれば当然経営活動などできない状態になります。

日本にはもう一つ、ヨーロッパ・アラブ・中国にはない素晴らしい赦しの文化

があります。それは「水に流す」という心の浄化法を持っていることと私は思います。

「水に流す」……東北の津波を見てもわかるように、日本は水の国、河の国です。日本という国の民は、すべて水に流され浄化され、跡形もなくなり、しかしまた一から始め、築くことを知っている唯一の民族とも言えます。素晴らしい日本民族特有の浄化法です。

恨みを水に流し、できればさらにその事件、その人に光を送り、幸あれと祈ることです。さらに、さらに心の奥にある黒いヒトラー（黒ナマズ）に気がついて、それを光で包んであげてください。きれいに心の負担が消えていくでしょう。

赦す → すっかり水に流す → 事件・相手に光を送る → 心のヒトラーを小さくする

この作業を覚えていきましょう。

「天敵こそ、我が師」です。

八、どうしようもない時……思案にあまる問題が生じた時

時代に翻弄《ほんろう》され、銀行から見放され、友は去り、あなたが欲に生きたために何をやってもうまくいかない時が一度はあるでしょう……その原因はほとんど、自分の過剰な欲に原因があるのですが……そんな状況の、思案にあまる問題が生じた時、心の力を増す法があります。それは、

①天の座に預ける……「神の膝元に手紙を置いてすべてを任せる」

思案にあまる時は……『神の座』に預けよ

早朝、夜が明ける少し前に起き、さっとシャワーを浴び身を清めて正座する。そのうえでこの問題を天の座（神の膝元）に預け、その手紙に光を送る、気持ちが落ち着くまで座る。聖なるものの中で、最も聖なるものにゆだねるのです。

あとはすべてお任せする。あれこれ策を練らず、できる誠意を尽くしてお任せする。出る結果は受けとると肚をくくる。あらゆる結果を「結果オーライ」として受けとる。『これですべて良し』と口にするくらい肚をくくるのです。

そうすれば、最大必要な果実をあなたは戴《いただ》けるでしょう。神とつながった感覚、つまり『結果オーライの世界』を知るでしょう。自分の都合のいいように策をろうさないこと。素直になること、あらゆることに「丁寧に」「誠実に」立ち向かうことです。肚をくくって「座す」のです。

②「沈黙は力である」……心の力を増したい時

いつも心が騒ぎ、迷い、やたらと落ち着かない時は、沈黙の向こうにある、地球の向こうからくる声……神の声に耳を傾けてみる。内なる悟りの声は、静かにして小さき声を通して、ふっと安らぐ感覚を通して、語りかけてきます。聞き逃さないことです。

いつものように、やたらにお喋りをしない……力が散乱するからです。内なる悟りの「ひらめき」、声は「この沈黙を通してやってくる」のです。いや、正しく言えば戴く「答え」は静けさ、静ひつ、深い沈黙においてだけ得られます。

③このことを理解して水だけの断食を十日間やります。その時、一切の仕事、パソコン、ラジオ、テレビ、ケイタイを断つ。自分の信頼の置ける依りどころとなる本を一冊だけ持ち込むとよいでしょう。

「十日間の沈黙」に入る。

十日間、一言も喋らない、ひたすら瞑想とヨーガをやって神意識、宇宙の向こうの光の世界につなげてみる。そう、宇宙意識とでもいいますか、月と地球の向こうにある意識とつなげ、直通電話を取り付けるのです。雑音は自然音、風の音、地球が巡る音、虫と鳥の声だけにして、それに耳をそば立てる。楽しむ。

そうすれば、最大必要な果実と、いつも沈黙を通してゆるぎない智恵が流れ込んでくるようになります。さあ、グダグダはやってみた後に言ってください。

④「予祝」する……①②③ができない方は、

人生のどん底を祝う。もうこれ以上は落ちない……あとは上昇するのみ。ワクワク感でどん底を祝う。親しい友、理解してくれる少数の人を招いて「予祝」する。

また、運の谷間、経済の流れの底に落ち込んだ時、または長期お呼びがかからなくなった芸能人等は、そんな時こそ「予祝」をするのです。

森繁久彌《もりしげひさや》氏が、ある運の谷間でシケ込んでいる芸人に「……君よ、そんな時こそ、お金を出し渋ったり、ケチったりしてはますますお呼びがかからなくなるよ。ひたすら明るく、あるお金を惜しまず人のために出してあげていると、その窮状を救う女神が必ずくるのさ。悪い時に渋ちんになる芸能人は浮かび上がれなくなるものだ」と言われていたそうです。「当たり」です。

大切なのは、どん底で開き直る。もう上がるだけ、すべて失い荷物も軽くなったし、見栄もない。ただひたすら笑顔と誠実だけで……エレベーターは昇っていきます。

九、社長の驕りと結果

この世で驕りに入った帝国や、大会社の経営者で「不滅の成功」を成し遂げたと認められたとしても、人生の後半で驕りに入ったならば、その繁栄が百年以上続くという歴史的事実はありません。すべて一時的かその代限りで終わってしまっています。人が青年から、わずか四十年で老人になるように、一人の人間が千年生きることはないのと同じように、この世のこの「驕り」の「成功は短期で終わる」という仕組みは覆《くつがえ》せないのです。

人間の体の仕組みの方程式と、人間性の器の法則は、同じ働きの中でつくられているようです。食事（栄養）を果てしなく摂《と》る人は太り、やがて糖尿病やガン等の病で、命をまっとうできない神の仕組みに陥ります。お金を果てしなく求める人も、人間性を失うことが多く、欲の歯止めが利かず、同じように「心の肥満体」となり、やがて人との対立、トラブル、信用を失う事件を起こし、会社を壊すという神のワナ（仕組み）にはまり込みます。

社長は頭脳明晰である必要はありません。志と、未来を見る目ざめと、人間性が高い人の方が人望を得るでしょう。

人は出会いと気づきによって、ある程度の高みまでは誰もが上ることができます。

みんな平凡から出発できるのです。どこかで導きの人に遇《あ》い、どこかで目ざめのチャンスに遭遇されることを祈ります。

働いた翌日は朝日を浴びよう

V　繁栄が長続きしない原因は……

一、儲けるためだけのハウツウばかりを追い求めていないか
二、真のサービスをしているか
三、ちょこっとごまかしていないか
四、せこい生き方になっていないか
五、血を吸いすぎた蚊は自滅する
六、悪銭、身につかずとは……鴨ネギ論

一、儲けるためだけのハウツウばかり追い求めていないか

あなたが儲けるためだけにいくら立派な経営塾のハウツウを学んでも、「商い」は長続きしないでしょう。驚かすような奇抜なハウツウも大花火みたいなもので、たくさん打ち上げれば打ち上げるだけやがて飽きられてきます。

顧客の喜びや幸せ感につながらない売り上げを上げるためだけの学びは、どんなに取り入れても時がくると、やがて行き詰まる。なぜなら、そんな欲に狂ったあなたは、短期に効果が認められないとすぐに止めてしまう、そこには感謝と恩返しがないからです。すぐに心は次の面白そうな商売や、派手に人が集まるハウツウに目が移ってしまい、本当にやらなければならない大事な行事も長続きしないからです。

永く栄えるためには、店や自分の都合よりも顧客の利益、取引先の利益も確保

することができるかが有力な要因になるのです。少し売り上げが落ちたからといって、すぐに手を切ったりするならば大事な顧客を失うでしょう。肚をくり、気づきを深め、嫌なお客・良いお客の判別を絶えずしないで「人の役に立つ商い」「感謝のある商い」をもう一度探っていかねばなりません。

「真似できない商い」「真似されても大丈夫な商い」があるとすれば、あなたの会社が「人々の役に立つことを目ざしている」か「感謝の心で良き顧客関係に社員が努めている」かです。さらに他社とはどこか違う、お客に喜ばれるサービスが社員を通して仕上がっているならば心配ありません。

敵に矢を投げるばかりの経営者

前にも言いましたが、どんなに緻密《ちみつ》で立派な経営戦略を学んだところで、経営者の本質が利益追求であったり、名誉欲や保身欲が強ければ、またすぐに経営は行き詰まってしまいます。

世界有数の会社も、欧米の一流の経営学を学んだ人が社長になったところでさえも欲にとらわれると、会社の軸が狂っていきました。つまり頭脳明晰、学歴があって計算高く、人間的に目ざめない人たちがトップに立つとその会社はたちまち狂います。大企業の経営者でも、強権的会社経営から親和的な経営に意識を変えていかねば、会社は消えていくという事例が多発しています。

福岡のある大手私学のオーナー経営者と話しました。その方が、社内的に次々と不祥事が生じ、その不祥事が世間に漏れないようにするのにどれだけのお金と法律と手を尽くし、裁判をやるはめになっているのか、「次々に手を打っても打ってもトラブルが絶えないのです」と立派な理事長室で嘆かれるのです。

私から見れば学校の方針が経営の拡大と利益に向いていて、理事長自身が全くと言っていいほど生徒たちの将来や、生徒が才能を高めるための授業や、大人になるための、心の掘り起こしに向かっていないのです。ただ世間的に学校の名を汚さないことだけに全力を注いでいる感じでした。

ですから、その学園が行っている緻密な経営戦略は、生徒の将来は二の次で学校運営のためだけにあって、よく見ると学校のエラーを指摘する敵に向かってばかり矢を投げている。それでは当然返ってくる矢も厳しいものばかりです。

別なある有名大手医療メーカー幹部も同じ嘆きを口にされていました。その会社も同じで、不良器具でさえも名を汚さないために商品を取り換えず、逆に顧客との小競り合いに負けまいと裁判に力を注いでいます。

このように目前の利ばかり追っている会社が多いのに悲しくなります。トップの体質の目ざめがなければ、利益追求のみでは世間の人からの支持は得られません。

人の役に立つための経営でなく、自分自身の見栄のため、「どや顔」のための経営は長続きせず、すぐに終えます。なぜなら、儲けるだけの経営は敵も、不安も多く、トップの利に流れる心は不安定に荒れて、いつもイライラしてしまう。部下からも世間からも煙たがられてくるでしょう。

二、真のサービスをしているか

サービスとは日本語で、人のために尽くす、奉仕、もてなし、と訳されています。英語でのサービスは、ヨーロッパやアメリカのホテルに泊まるとその意味がよくわかります。奉仕ともてなしを「し尽くして」……さらに顧客の心をつかみ、惚れさせ……さらに「とりこにする」こと。そうして、終生の顧客、三代先までの顧客にしてしまうことをサービスと言っているとわかります。日本のホテルサービス業界はまだそこまでいっていません。ヨーロッパ並みのサービスに早く気がついてほしいものです。

ある実験で、二つのグループにそれぞれ仕事の成果を出させて、成果が同じように出たとしても一方は「まだまだ……もう少し」と褒《ほ》めない。一方のグループは成果を認め、努力を褒める。するとどうなるか？　なんと褒められたグループは、次の仕事で最低十五％以上前回よりも成果を出してくるという研究報告があります。褒められることが脳にとってご褒美と言っている脳学者もいます。

褒める社長、褒める上司が一人はいますか？　もっと大事な施策は、社員にサービスをし尽くさせて、社内の上司から褒めてもらうことより、社外の「お客様から褒めてもらう」チャンスをつくってあげ、動機の質を高めてあげることです。いろいろなことに挑戦できる機会や、喜びの体験を初期研修に取り入れるのもよいでしょう。「喜びの体験」が継続できるようになれば、働く意欲と実績を上げる動機につながるからです。

お客とコミュニケーションをとるとは

日本語で「コミュニケーション」とは、意思の疎通、意見交換、伝達などと訳されていますが、英語のコミュニケーションはまだ奥が深いようです。日本では普通はただ話し合って理解するだけに終わっていますが、欧米ではさらに相手を思い通り操《あやつ》るまでがコミュニケーションと言われています。

コミュニケーションするとは「心が通じ合う」から始まって同意同感を取り続けて相手の親切心をひき出すことです。アメリカのスパイ映画を観るとよくわかりますが、「君はコミュニケーションが足りない」と上司から言われた場合、こちらの思うところまで相手を導き、終《しま》いに相手を意のままにすることが含まれています。アメリカが東日本大震災の時に行った「トモダチ作戦」が良い例でしょう。

営業ではまず好意を元にして、お客の同意を導くまで「話をひたすら聞く。途中で決して意見を挟みこまない。お客が困っていることを聞き出す」が基本です。そうして困っていることを解決してあげて、信頼を勝ち取るのが営業のコミュニケーション能力です。

ただの「説明上手」「話し上手」では本当のコミュニケーションにはなりません。好意を抱かせて信頼まで高めるのがコミュニケーションです。そして、自分よりも『相手にとっての利を先に考えてあげること』です。あなたにとっての利よりも、相手にとっての利がないと実を結びません。

コミュニケーションとは好意から始まり、お互いの人柄を認め、さらにお客が困っている事柄の話を引き出す……が含まれています。途中で口出ししない。うなずいて最後まで話を聞く。毎日の仲間同士の中で「途中で話の腰を折らない」ができるよう練習して会話の質を高めていくとよいでしょう。

①松山のジーパン屋さん……私がとりこになった対応

松山に行ったら必ず寄るジーパン屋さんがあります。商品よりもその店員さんに会いにいくのです。（実はあまりその店員さんに会いたくないのです。なぜなら、その店員さんと顔が合うと買うことを警戒していても、つい買ってしまうからです〈笑〉）

初めて行った時、店内は混んでいましたので、あれこれズボンを持って試着室に行きました。迷っていたらその女性店員さんが来られて、「これどうですか」と二本の別なズボンを持ってきたのが私の好みにぴったりだったので驚いたのです。思わずついでに「カッターシャツはありますか」と聞いたところ、これまた荒い綿のブルーのシャツを持ってこられ好みにぴったり。それからは松山に行くたびにその店に行くのです。

夏、秋、冬と訪ねても、その時欲しい物をピタリと見つけて持ってくる。その選択眼にびっくり。同行の経営者も「この店員さん、私の店に欲しい。引き抜きたいです」と冗談を言ったほどです。

「どうしてわかるの」とその店員さんに聞くと「体格や、今お客さんが着られている服や靴、帽子を見てその方の好みがわかるから、それに沿って用意します。当店にない場合は四国中の支店を探してお届けしますよ」とにこやかに言われます。売りたいという姿勢が全くなく、押しつけもなく、お客に合いそうな物を素早く察し徹底的に探してくれるのです。その方のファンは多い？　当然です。

②売り上げNo.1になった売り子さんの話

ＮＨＫのラジオに出ていたセールスNo.1の女性の話、ご存じですか。

「私は店員の仕事が大好きです。会社からはいつも値の高い物や流行の物をお客様に紹介してくださいと朝礼で指示があるのです。私はそれはあまり考えず、値段よりもお客様が望んでいるものを一緒に探してあげるのが楽しくて、そんな品がない時は、私の好みのものを紹介していたのです。

そうしているうちに新人だったにもかかわらず、いつの間にか（売り上げ）年間一位になっていたのです。会社は会社側が売りたい物や、値の高い物を売ってくれと強要してきますが、私は『お客様主体の私流』を押し通していると一位を毎回確保できたのです。でも上司は不満そうでした」と話していました。

更に、「私はいつもお客様に好意を持って、お客様のために商品を探してあげるのが楽しく、それが私の仕事になっていました」と明るく話していました。

繁栄が長続きしない原因の一つに、勢いをつけすぎて自転車かローカル鉄道のスピードから、一気に新幹線のスピードで社を転回し始めているからかもしれません。周りの細かい景色・変化、つまり時代の流れが見えなくなっていくのです。

事業の展開中に何かが当たって、売り上げがスピードに乗り始めると、先頭車の後ろにいろいろな荷物車銀行・大きな店舗・大勢の社員・前年対比・大がかりな宣伝・見栄……等々の貨車が連結し始め、今までの小さなブレーキでは止まれなくなってしまうのです。

究極のサービスは、顧客の喜ぶところを見出し、とりこにして何度も来店してもらうことです。そのために次のことに留意すると良いでしょう。

一、世の中は善意のお客が大多数である

一、大衆は好意を求めていて、好意に引きつけられる

そして

一、大衆は好意に弱い。そのかわり裏切られるともう二度と来ない。

その店側の好意とは嘘のない純度の高い、いつもお客の立場で商品提供、親切で丁寧な仕事、清潔な応対、あなたのお役に立ちたいという切なる気持ち、注文品はとことん探してあげる誠実さ等で、店長及び店員さんに「私たちのお店」という感覚を持ってもらえるようにコミュニケーションすることです。

湧き水を使った田もいよいよ稲刈りの秋

三、ちょこっとごまかしていないか

私の知り合いの宝石商の方は、とっても愛想も良く、人もいいのですが、いつも「ちょこっとごまかす」ことから脱出できなかった。それは感謝セール、謝恩セールを毎月催してお客様にサービスをするのですが、広告やチラシを詳しく見てみると謝恩・感謝と言いながら、古い商品や流行おくれの物を毎回前面に出して「……割引き」とやるのです。

それは謝恩ではなく、在庫処分セールなのです。見せかけの安売りセールで心がこもっていませんでした。私が指摘しても、これがこの業界のしきたりだから、こうして古いデザインの物を処分するのがコツなんですと逃げていました。やはり「信用よりも儲けたい心」が優先して店がダメになるまで続けていました。

やがて広告をもらった人々はウソを見抜いて、その時に出される接待だけを楽しみ、だんだんお客が減っていきました。やがて来た時代の変わり目に「信」を失っていきました。

客の立場に立たない、儲けるだけの宣伝やハウツウは、何の役にも立ちません。

四、せこい生き方になっていないか

せちがらい、計算高い人はどこかで必ず大損するのです。お人好しで「人のため、人のため」とお金も時間も費やしている方は、ある時ドーンとプラスのお返しがくるのです。

それを私は「天がおとし前をつけてくる」と言います。昔の古い言葉では、難しい言葉ですが「天網恢々疎《てんもうかいかい》にして漏らさず（天はこの世の諸悪・善事を見逃し放置することはない。この法から逃れる者はいない）」と言います。

「マスゾエ現象」とは根本的に貧困意識から脱却できていない人たちが大人になって起こす、「せこい人生現象」と言えます。自分の出費を抑え、他人のお金に依存し、何でもケチる、おごらない、出し惜しみをする、周りの人々、特に下位の人々に与えない、自分のお金になることだけは投資を惜しまないという人生習慣を手放せない人々です。

それとは逆の豊かな人は、どこかの時点で富裕意識のゾーンに入った人たちと言えます。

この富裕意識については、この本に収まりきれないので次回どこかで書くとして、今回はこの本では詳しく説明しませんが、チャンス・豊かさは自分にはついてまわるという「幸運の河意識」に入った時、ある特殊な感覚が根付いてしまいます（満月の夜の勉強会で、このゾーンの入り方の智恵を討議します）。

そうすると、貧困意識から脱却でき「せこい人生」を脱出できるようになるのです。とても大事な意識です。

五、血を吸いすぎた蚊は自滅する

私の工房は蚊の天国……困ったもので蚊が多い。その蚊は欲の深い人間に似ているところがあります。

試しに蚊が腕に止まったならば、血をどこまで吸うか我慢してみるといいでしょう。欲の歯止めを持っていない蚊はずっと血を吸い続け、腹が真っ赤になるまで膨れても、血を吸うことを止めきれないのです。その果ては、腕から落ち、飛べなくなって自滅してしまいます。

欲の歯止めを持っていない経営者と同じ姿です。利を求め不正すれすれでも、自分だけの収入を求め社員や顧客に頒ち与えることができない経営者は、いつか欲のスキをつかれ、取り返しのつかないタイミングで大きな事件を招き寄せ、すべてを失います。

天は必ず「おとし前をつけてくる」のです。どこかの時点で良心に目覚めるか、友の声を受け止めるか、良き師に出会うかしなければ、血を吸いすぎた蚊になってしまうでしょう。

社長が社員の三十倍も五十倍もの収入を手にしていると、大事な顧客である多くの大衆の望むものが見えなくなってくるのでしょう。個人として、億単位の年間収入は必要ありません。

「欲でなしたことは途中で挫折する」という法則と通じ合うものがあります。

六、悪銭、身につかずとは……鴨ネギ論

昔、昔、銀座のあるクラブの経営者が、ある方にこう教えてくれました。

「私は銀座で長く生きてこられた。なぜだかわかる？　鴨が背負ってきたネギを食べなかったからよ。あなたもこの話を胸に刻みなさい。今あそこで女性を両腕に抱えている白の上下の男性は、ネギを背負ってきた鴨なの。鴨がネギをしょってくると銀座中の女性たちは騒ぎ始める。ワイワイとね。そして、女たちは寄ってたかってネギを奪い合うのよ。

でも、私はやらないの……。鴨は半年か一年もすると新聞沙汰になって消える、そしてまた新しい鴨がネギを背負って次々に現れる。なぜかしらネギを背負った男たちはみんな、そんな男と自分は違うと思って懲りないの。でもそんな鴨の『ネギ』を食べた銀座の女たちも同じようにいつしか銀座から消えていくのよ。

だから私は鴨の『ネギ』を食べないの……そうして節度を守ってきたから私は銀座にいられるのよ」

『濁った動機で得たもの』

不純な濁った動機に基づいて得たものは重荷になって、すぐに手放したくなるのです。「悪銭、身につかず」ではなく、やましいお金は、どこか心の奥の良心が痛むせいで遊び金として散財し、早く禊《みそ》ぎをしたくなるのでしょう。そんな不吉なお金は「やましさ」のため長く身につけていたくないのです。

まして自分の人生の向上や、人々の役に立つことには恐れ多くて使えないのです。すぐに使い切って身ぎれいにしたいのでしょう。

そんな重たいお金は、銀座の鴨ネギとなって、鴨もネギも、ネギを食べた者も「やましさ」ゆえにみんな街から消えていくのです。「オレオレ詐欺」を働く人達も同じです。そのお金を自分の向上には使うことが出来ません。

拡大して失敗した福岡のチェーン店

福岡の若者で接客業が好きな人が独立し、ちょうど今から十七年前に居酒屋を始めました。元気のよさと海鮮料理の美味しさで人気となりいつも満席でした。もちろん頑張り屋さんでした。

三店舗まで増えてからは勢いに乗り、博多の中心街や目立つところに次々と店舗を拡大していきました。十店舗を超えた頃には、若い後輩を集めて経営塾を始めるまでになったのです。

ところが志を持ってこの世界に入ったのではなく、ただのお金儲けしたいがためにお店を始めたので、一定のところまできて収入が増えると、タガが外れたように遊び始めました。まず福岡の有名社長たちや銀行の上級職の人たちとゴルフを始めたのです。自分を一流と思い違いをし、外車を何台も持ち始めました。取り巻きと一緒に他社見学と称して他業種の夜の店に出入りし始めたのです。

ここまでくると欲の歯止めを持たない者の挫折コースのお決まりで、神の甘いワナにはまってしまいました。ブレーキの利かない貨物列車になり、下り坂に入ると後ろの貨車（借金や見栄）に押されて止まらなくなりました。

内心はビクビクしていたようです。お金がいくらあっても足りなくなったのです。その方は倒産した後に私に思いを語りました。

「私は当時会社が『人のため、社員の喜びに自分の人生がある』とは全く思いもよりませんでした。あの頃は思い上がっていました。お金はどんどん入ってくるし、自分は経営の天才だと思っていました。やることなすことが全部あたるのですから……。銀行の支店長も頭を低くしてすり寄ってくるのです。すべての儲けは一番苦労した自分が使っていいと思い込んでいました。楽しかった十年間です。

十年目を超える頃から繁華街の中心に出した店の家賃、また別の店の重厚な設備、格好のいい内装などの見栄のツケが溜まり始めました。借入金がどんどん増えていたのです。当然不安が頭をもたげていました。

その頃幹部が次々辞め、またその連中が私の店の近くで、同じような店を出し始めるのです。殴り込んだり喧嘩をし始めて……そんな元の仲間に対して「どうだ！」とばかり十五店目に大きな店をこれみよがしに作ったのがアウトでした…と私のところに税理士さんと二人で訪れてきたのです。

会社の社是に「人の役に立ち、平和や奉仕、人の喜びと社会の充実・発展に寄与する」と揚げてても全然ダメです。経営者に「志がない」からです。心の奥で、ただ利益拡大・売り上げ目標達成、お金がすべて、自分の人生の見栄・格好づけのために会社があると経営者が思っていると、それは生き方が「乱暴」になっていきます。心ある幹部や良き客、人々が離れてしまいます。

それが次の兆しなのですが、気づいていないのです。お店を始める時は、志と気づきのレベルを上げることが先です。

よく「短期間に一億儲ける」といった本がありますが、飛びついてはいけません。社員の動機はお金で釣れなんて、もってのほかです。

人脈づくりは自分の利益のためにあるとか、経営を広げることや、儲けにつながることは何でもやろうという生き方は、車輪が外れかかった車を運転するようなものです。心の片輪が欲でゆがんでいるから、いくらハンドルをしっかり持っているつもりでも方向が保てず必ず事故をおこします。

その福岡の経営者の方は、「途中でみんな逃げていきました。あんなに社長、社長と言って持ち上げ寄ってきていたのに、あいつらは汚い。信用できると思っていたのですが……」と周りの友人を恨んでいました。周りを悪く言う間は、いくらその方を説教しても聞く耳を持ちません。そんな方に会うと、私の口は閉じたまま固い貝になってしまいます。

自分の失敗をまだ他人のせいにしたまま、自分の方向性の誤りに気づいていないと再興できません。「わかっちゃいるけどやめられない……」。それはバツイチです。反省と感謝の言葉が出るとマルイチに変わります。そして新しい展開が始まるのです。

「友よ、嘆くなかれ。どんなに遠くに思えても
歩み続ければ、きっとたどり着く……
光の丘は、君を待っている」

おわりに

利益追求と真逆の世界で栄えるために……人間経済学を学ぶ

現代は、日本も世界も物があふれてきました。人々は物質的な物で心を埋めようとしてきましたが、やはり物だけでは心の平穏は得られないと、改めてわかった次の新しい時代に入りました。

古いタイプの戦う経営者は、まだ人々に消費を促しトラブルと貧困の差を増やし、自分の不安を売り上げの数字で埋めようとしています。私たちは、もうこれらから生じる争いを収め、消費をあおる経済社会から、安らぎのある新しい気づきの社会を築かなければなりません。日本の経営者は、これから新しい方向へと意識を変える必要があります。時代の流れが強権的社会から、より親和的社会へと移行していく過程に入ったからです。

生きることも経済活動も「争うこと」が目的ではありません。その意義からして人々を幸せにしない経済は意味がありません。二十一世紀初頭のこの混乱は、逆に多くの人々に地球の美しさに立ち返り、争いを止め、この人生を楽しく生きることが大切ということに気づかせてくれています。

日本の経営者も会社を経営する喜びの深さと、意味を学ぶ時がきて、身勝手から生じる世界中の混乱と競争を克服するために経済学の根本をもう一度学び直すことが必要です。この混乱と身勝手による格差社会を少しでも和《やわ》らげていくのが経営する者の宿題の一つでしょう。この本はそのことを再想起し、そのうえでさらに繁栄を続ける方法を提案しています。

私たちは、一度身につけた、自分を中心に利を追うという習慣や楽して稼ぐ考え方を変えることはとても難しいかもしれません。でも、私たちが人々に与えた心の傷や、悲しみや不安を無視した経営で、またそのことで私たちが受け取るさまざまなトラブルは、ただ「嫌なこと」で片づけられない意味を持っています。この情報の時代に入って、それらは私たちの間違いを指摘し、次の進むべき正しい道、不安のない道を示してくれているのは確かです。

この点から見て、経営には「人格」が必要なことがわかります。これからの平和な世界を続けるにあたって、おわかりのように世間受けする「野心だけの人」は、ただ社会混乱を引き起こすだけです。経営者の向かうべき明るい未来は、「利益がすべて」という世界観から目ざめることです。「人の役に立つこと」を企業の目的とした企業は、人々の惜しみない応援を得て、成功のチャンスは広がります。

経営者として、人口の大部分を占める平凡な消費者が、深いところで望むことを理解するならば、次の経済競争の頂点に立ったスティーブ・ジョブズの有名な「病床の詞」を味わってみましょう。

「私はビジネスの世界で、成功の頂点に君臨した」
「他の人の目には、私の人生は成功の典型的な縮図に見えるだろう」
「しかし、仕事をのぞくと喜びが少ない人生だった。人生の終わりには、富など私が積み上げてきた人生の単なる事実でしかない」

「私がずっとプライドを持っていたこと、認証（認められること）や富は、迫る死を目の前にして色あせていき、何も意味をなさなくなっている」

「今やっと理解したことがある。人生において十分にやっていけるだけの富を積み上げた後は、富とは関係のない他のことを追い求めた方がよい」

「もっと大切な何か他のこと。それは、人間関係や芸術や、または若い頃からの夢かもしれない」

『終わりを知らない富の追求は、人生を歪ませてしまう。私のようにね』

「神は、誰もの心の中に、富によってもたらされた幻想ではなく、愛を感じさせるための『感覚』というものを与えてくださった」

「私が勝ち得た富は、（私が死ぬ時に）一緒に持っていけるものではない」

「私が持っていける物は、愛情にあふれた思い出だけだ」


このスティーブ・ジョブスの詞から学ぶことはたくさんあります。「終わりを知らない富の追求は、人生を歪めてしまう」と人生を振り返っています。

億以上の年収をとる事は、時速二百キロ以上のスピードの高級車に乗るのと同じ快適さと不安で、どこかで怯えながら生きていかねばなりません。果てしない高収入の経営者には「怯え」がつきまといます。億以上の収入を目指すよりも、『上座もない下座もない、空いた席を楽しむ』束縛のない自由な生き方をジョブズは最後に述べているようです。

私たちは、争いと苦しみを経て長い時間をかけて平和の方向に進んでいます。目ざめを起こした多くの若い経営者が権威的生き方から、親和的生き方にシフトし、良き仲間と生涯貢献できる会社をつくりつつあることに喜びを感じています。千年後か二千年後に、この私たち日本人の心に眠る「和」に目ざめた経営者が、一人一人それぞれの人生の意味を探り、幸せと調和と充実に向けて共に歩んでいることでしょう。きっと「共存共楽」の世界が待っていることでしょう。二千年後が楽しみです。

「満月の夜の勉強会」のお知らせ……「共存共楽」の世界をつくるために

私は二〇一三年より、少人数の経営者が満月の日に集まって経営の勉強をする塾を、福岡と東京・名古屋・福島・仙台で開いています。受講されたほとんどの経営者が、今までの経営セミナーでは学ばなかった目ざめを得て、経営の方向が定まったと言われます（二〇一六年秋）。

その内容はこの本で述べたように、この時代に生まれた意味から探って、私たちはこの人生で何を果たすべきか、何をしにこの世にきたのか……を明確にし、経営者としてなすべき心の置き所を各々が探りあてていきます。

そして経営を通じて人々にどんな利益をもたらすのか、経営の中で生じる対人苦・対外苦・経済の変化・人生のトラブルにどう対処していくか、そのうえで自分の会社を「発展させ、社員・家族・地域に貢献し終わりのない繁栄へとつなげるか」を共に学んでいこうとするものです。

経営の本質は、いくら優れたハウツウを学んでも不安と果てしない「欲」から経営者が目ざめなければ体質改善にはつながらないからです。胆力をつけ不安から遠ざかると、経営の見通しが立ってくることを体験しましょう。

満月の日に年五回集まり、午後二時から六時まで勉強、この四時間は皆さん楽しくあっという間に終わる、もっと長くしてほしいと言われます。その後、懇親会でお互いを知り合う。終わっても別れたくなく高校野球チームのような垣根のない不思議な集いになっています。

これを卒業すると、さらに新月の夜に四回集まり、経営の現実的対処の提案を発表し合うのです。こうして、満月と新月の塾を卒業すると、ほとんどの方がこの時点で企業実績が上がっています。肚をくくって取り組めるようになるからでしょう。その後に人間性の向上と親睦を深める卒業生の経営者の自主的な会「満月の会」が催され彼らが年数回集まります。

「満月の会」では、戦わない経営を実施するにあたってお互いが経営の解決法や、どう宣伝したらよいかを具体的に情報交換します。今困っている問題はどうすれば解決するか等も智恵と知識を提供し合う。

そういった「無償の助け合いの輪」「善意の橋渡し」「誰もが三分間のウルトラ

マンになれるクラブ」、つまり、ビジネスに特化した助け合いがあたり前の会員制の会です。わかりやすく言えば「刀を持ち込まない経営者の会」です。アメリカにも「一〇六マイル」という善意の経営者の会があると聞きました。私たちは更にその上に深いものを求めたいと、地域の人々の繁栄にも企業として貢献できる人を育てていければと思います。経済活動を通して、平和と「共存共楽」の世界をつくっていくことを目ざしています。

この満月の夜の勉強会に参加し、経営の見通しを立て、戦わない経営の本質を学ぼうと思われる塾参加者を東京・東北・九州で定期的に年に二回（春秋）募集しています。

事務局　奥川拓弥（080-5466-3431　e-mail：takuya.okugawa@gmail.com）九州事務局　二山《にやま》正治・080-6436-8646　東北事務局　佐藤康則・080-9691-3138又は私のホームページ「北川八郎楽心会」を開いてお問い合わせください。

ウルトラマン経営

「満月の夜の勉強会」は一般のセミナーと違って、この本にあるように売り上げのハウツウ中心ではなく、経営者の目ざめ、揺るがない覚醒、心起こし（善意に目覚める経営者）を目ざしたセミナーです。したがって、利益追求や売り上げ第一の方法を目ざす方には向いておりません。このセミナーは、良き対人関係の中にあって前向きに、終わりなき繁栄を目ざすためのものですので、一回二十人ほどの少数で行っています。

会社を前向きで、明るい未来を目ざす経営に変えるには「目ざめ」と「努力」が要ります。何度も何度も挫折する「ネガティブなうなずき合い」の世界から、文句と不安を乗り越えた「ポジティブな励まし合い」の世界に身を置かねばなりません。いや、大きく栄えなくてもいい、「終わりなき繁栄の世界」に向かえばいいのです。

気づかれた皆さんは、経営が劇的に変わり、企業として大きく成長されています。人生のどこかで、人々を救うウルトラマンとなって、社会に役に立つウルトラマン経営者となるよう共に歩みませんか。

邪と魔について

何かこのような勉強会に参加したり、社運の向上のためにすごくいい催事を予定すると、邪と魔が入りやすくなります。社運が上がり始めると邪魔ではなく、まさしく「邪と魔」としか言いようのない事象が起きて、社運の向上が中断されることが多くなります。

そこで中断してはいけません。そんな挫けそうになる時こそ、勇気をふるい「逃げない！」「やり遂げる」覚悟を持つことです。「最も困難な道を行け」を学ぶチャンスです。

その「まあ今回はいいか」が、私たちの進歩の歩みを止めます。「いい訳」で、できないことを慰めてしまうと、もう学びのチャンスはやってきません。運を逃がす人ほど、「言い訳の部屋」に入り込んであきらめやすいからです。

どこかで言い訳を断ち切って立ち上がり、肚を決めてください。もう逃げないこと……。そうすると、みるみるうちに社運や、自分個人の人生の転回も向上していきます。腹式呼吸と瞑想を覚えて、肚をくって立ち上がり、大きな人生の展開の海へと漕ぎ出しましょう。

あとがき

私は同郷（北九州）の大先輩であり、東筑高校時代、義兄の友人であったという高倉健さんの人擦《ず》れを感じさせない生き様が好きで、ほとんどの映画を観ています。また、高倉健さんの潔い生き方を尊敬している。そのまっすぐな生き方をマネしたいと思っていますが……できないです。

その高倉健さんに出会ったことで人生が一変した方の話が、『高倉健インタヴューズ』（野地秩嘉著・小学館文庫）に載っている。とても素晴らしい話なので転載し紹介したい。少し長いので、一人称にして、要約してお伝えします。

「私は学生時代、九州のＲＫＢ毎日の撮影現場でＡＤのアルバイトをしている時、ディレクターの木村さんという方から、高倉健さんをホテルまで迎えにいけと命ぜられた。私はしぶしぶホテルに向かい、その旨を伝えてホテルの一階のエレベーター前で高倉さんを待っていた。ドアが開いたら『大スター高倉健』が一人でエレベーターから降りてきて、私に直角！　九十度の直角で『高倉です。よろしくお願いします』と頭を下げられたのです。びっくりしました。ものが言えなかった。『こういう人が本当の大人だ』と感激した。

撮影現場では腰を下ろさない。何の文句も言わない。バイト生にも気を配り、飲み物と食べ物をくれる。私たちみたいな軽輩にも最敬礼し尊重してくれる。私たちは意気に感じて死ぬ気で働きました。同時にみんなと『大人になったら、高倉健みたいになりたい』『いつの日にか立派な大人になるんだ』と誓いました。

でも、すぐにはなれませんでした。それからテレビ局のバイトを辞め、いろいろな仕事をやりました。自分に自信がなく、虚勢を張って生きていました。ある日、ふと『高倉健さんの最敬礼』を思い出し、これではいけない『一からやり直そう』と決めたのです。それから私は変わりました。ある会社に入り、年下の部下にこき使われても、一切文句を言わなかった。ある時、意地悪からか机が片付けられたことがあり、それでも立ったまま電話でセールスの仕事をしました。

その会社に入ってから、怒鳴ったり人の悪口を言うのを一切やめました。年下のアルバイトやパートさんを大切にしました。人に会った時は『高倉健の最敬礼』をする。態度のデカイ取引先にカッときた時はあるけれど『高倉健の我慢』を思い出して、健さんと同じようにじっと耐えた。そうすると不思議なことに、怒りがほとばしり出ないようにコントロールができ始めたのです。

私は初対面の方には最敬礼をしました。働き続け、休みも取らず、睡眠時間を減らして黙々と働きました。そのうち偉くなって部下を叱ることはあっても、怒鳴ることはしませんでした。会社は上場し、私は今もその指揮を執っています。

もう高倉さんにお目にかかることはないでしょう。でも、あの高倉さんの最敬礼に出会って、私は変われました。だから高倉健さんの作品はどんなものでも全部観ます。たとえ三百本、四百本でも観ます」

この文庫の著者、野地秩嘉《のじつねよし》さんが紹介されているこの方は、元「らでぃっしゅぼーや」社長の緒方大助氏と言われる。私はこの話を読む度に胸が切なくなり、健さんを偲ぶ想いもあってか涙が出る。やんちゃから、上場会社の社長へと立ち直った緒方大助氏も学びがまっすぐで素晴らしい。その後の立ち直りの生き方も新鮮で胸を打つ。私はこの方を尊敬する。私もこの方のように「高倉健の最敬礼」を見習いたい。しかしいつも直角に腰を曲げる事は難しいなぁと思うばかり。

本当に怒りを減らして実直に生きたら、緒方氏のように素晴らしい人になれる。また、最敬礼で人々を無言で救った「健さん」に胸が熱くなる。お二人とも、どこか深いところで「覚悟」を決められたのでしょう。この物語はいろいろなことを教えてくれています。貫けば、天は救ってくれるとつくづく思います。

（二〇一六年秋）

《参考図書》

『昭和史』半藤一利　平凡社
『生・死　神秘体験』立花隆　書籍情報社
『大富豪アニキの教え』丸尾孝俊　ダイヤモンド社
『三日食べなくても大丈夫!!　断食のすすめ』北川八郎　高木書房
『あんぽん　孫正義伝』佐野眞一　小学館
『ブッダのことば』中村元　岩波文庫
『ブッダの生涯』中村元　岩波書店
『仏弟子の告白』中村元　岩波文庫
『ミュータントメッセージ』マルロ・モーガン　角川文庫
『あなたを苦から救う　お釈迦さまのことば』北川八郎　高木書房
『あなたを不安から救ってくれる　お釈迦さまのことば』北川八郎　高木書房
『前世療法』Ｌ・ワイス博士　ＰＨＰ文庫

『未来世療法』 Ｌ・ワイス博士　ＰＨＰ文庫
『対人苦からの解放　明るい未来へ』 北川八郎　高木書房
『もう不満は言わない』 ウィルボウエ　サンマーク出版
『ＧＩＶＥ＆ＴＡＫＥ』 アダムグラント　三笠書房
『十一人の社長告白』 北川八郎　高木書房
『無敵の経営』 北川八郎　サンマーク出版
『高倉健インタヴューズ』 野地秩嘉　小学館文庫

〈著者略歴〉

北川八郎（きたがわ・はちろう）
1944年、福岡県出身。阿蘇山中の南小国町満願寺温泉にて満願寺窯を設立。自然灰釉の器を創って生きる陶芸家。防衛大学中退後、カネボウ化粧品㈱に入社。社員教育を担当する。銀座本社に勤務している時期に会社の正義と社会の正義の狭間で苦悩。人として生きる意味を見失う。32歳で退社後、インドを放浪。1984年、信州より九州は阿蘇外輪山の小国郷に移住。41歳の時に、黒川温泉にある平の台水源の森で41日間の断食（水のみ）を実行する。43歳の時には46日間の断食（水のみ）に導かれ、人として小さな光明を得る。平凡な一人として平和感と安らぎの内に自然の中で暮らしていくために「三農七陶」の生活を送る。現在は「満月の夜の勉強会」を設立し、講演会と経営セミナーを各地で主宰している。

著書
『ブッダのことば「百語百話」』致知出版社
『繁栄の法則』戸が笑う　致知出版社
『あなたの生き方を変える断食の本』　致知出版社
『あなたを苦から救う　お釈迦さまのことば』高木書房
『あなたを不安から救ってくれるお釈迦さまのことば』高木書房
『幸せマイルール——心に清音をもたらす言葉集』高木書房
『三日食べなくても大丈夫！　断食のすすめ』高木書房
『人間経営学の実践　経営を繁栄軌道に乗せた十一人の社長告白』高木書房
『無敵の経営』（サンマーク出版）
『心の講話集6巻』楽心会

北川八郎公式サイト　　http://manganjigama.jp/

繁栄の法則 その二

——味方だらけの経営で栄える——

平成二十八年十一月十五日第一刷発行

著者 北川 八郎
発行者 藤尾 秀昭
発行所 致知出版社
〒150-0001東京都渋谷区神宮前四の二十四の九
TEL（〇三）三七九六—二一一一
印刷 ㈱ディグ 製本 難波製本

ISBN978-4-8009-1130-8 C0035
ホームページ http://www.chichi.co.jp
Eメール books@chichi.co.jp